面向空间治理的
详细规划编制和实施

湖北省规划设计研究总院有限责任公司 编著

华中科技大学出版社
http://press.hust.edu.cn
中国·武汉

内容简介

本书解读了当前国家及各省在详细规划方面的制度要求,分析研究了详细规划编制与实施发展的趋势与特点,对面向空间治理的详细规划编制路径和实施路径进行了全面、深入地探索研究,通过具体案例详细讲解了面向空间治理的详细规划编制和实施实践。

图书在版编目(CIP)数据

面向空间治理的详细规划编制和实施 / 湖北省规划设计研究总院有限责任公司编著.
武汉:华中科技大学出版社,2025.1. — ISBN 978-7-5772-1404-7
Ⅰ.F129.9
中国国家版本馆CIP数据核字第202490BD71号

面向空间治理的详细规划编制和实施   湖北省规划设计研究总院
Mianxiang Kongjian Zhili de Xiangxi Guihua Bianzhi he Shishi   有限责任公司 编著

策划编辑:易彩萍	
责任编辑:易文凯	
封面设计:张 靖	
责任校对:李 弋	
责任监印:朱 玢	
出版发行:华中科技大学出版社(中国•武汉)	电话:(027)81321913
武汉市东湖新技术开发区华工科技园	邮编:430223
录 排:华中科技大学惠友文印中心	
印 刷:湖北金港彩印有限公司	
开 本:710mm×1000mm 1/16	
印 张:13	
字 数:160千字	
版 次:2025年1月第1版第1次印刷	
定 价:98.00元	

本书若有印装质量问题,请向出版社营销中心调换
全国免费服务热线:400-6679-118   竭诚为您服务
版权所有 侵权必究

编委会

主编：位 欣　黄婷婷

编委：万 雯　郑 重　张 媛　吴 思　刘晨阳
　　　方 可　陈佳俊　方浩森　瞿 欣　李 浩
　　　龚 琛　谭 洋　孙双辉　艾玉红　陈亚军

前　言

建立"多规合一"的国土空间规划体系是推动国家治理现代化的重要举措，而详细规划是国土空间规划体系实现有效运行和管理的核心环节。一方面，详细规划决定着规划改革的最终成效，不仅技术层面要加强与总体规划的有效衔接和反馈，而且其运行也需要纳入实施监督过程；另一方面，详细规划在作用上是落实空间治理改革目标和增强空间治理能力的具体手段，通过详细规划实施不断优化空间资源配置和空间使用，实现高质量发展、高品质生活。建立以详细规划运行体系为核心的全域全要素、全生命周期的规划管理制度，对于落实国土空间规划改革任务、推动新时期城乡高质量发展及规划建设治理模式转型具有关键作用。针对详细规划综合性和实践性的特点，延续过去既有控规经验，把握国土空间规划体系改革要求，与地方实际相结合，探索面向空间治理的详细规划编制和实施十分重要且必要。

本书分为6个章节。第1章主要介绍中国规划的三次改革，系统回顾梳理伴随国家治理体系调整优化的城市规划体系构建历程。第2章介绍治理现代化目标下的国土空间规划体系重构，辨析国土空间规划体系与新时期国家治理目标的内在关联、详细规划在国土空间规划体系中的地位与作用、详细规划与空间治理单元的关系。第3章重点研究国家及各省在国土空间详细规划方面的制度要求，系统总结当前国土空间详细规划编制与实施发展趋势与特点。在此基础上，第4章探索面向空间治理的国土空间详细规划编制路径，围绕全域覆盖的详细规划单元构建要求，提出不同类型详细规划的编制实施路径。第5章围绕面向空间治理的国土空间详细规划实施路径，从衔接主要实施体系、实施数字化转型、健全实施监督机制三个方面，提出详细规划编制和实施要点。第6章通过面向空间治理的国土空间详细规划编制和实施实践，总结并探讨先行地区经验，以期为各地的后续实践提供参考。

详细规划体系的构建是技术体系与规划运行环境双向创新的过程，需要在探索中不断总结经验，传承创新。本书所述观点诸多不宜之处，望引发详细规划的编制者、管理者们进一步思考。

目　录

1　中国规划的三次改革

1.1　以市场经济发展为主导的城市规划体系建构 ……………003

1.2　国家治理体系重构下的城乡规划转型发展 ……………015

1.3　生态文明体制改革下的国土空间规划体系建构 ……………024

2　治理现代化目标下的国土空间规划体系重构

2.1　国土空间规划体系 ……………032

2.2　详细规划在国土空间规划体系中的地位与作用 ……………046

2.3　详细规划与空间治理单元 ……………055

3　国家及各省在国土空间详细规划方面的制度要求

3.1　国家层面国土空间详细规划方面的政策文件 ……………064

3.2　省级层面国土空间详细规划方面的政策文件 ……………070

3.3　当前国土空间详细规划编制与实施发展趋势与特点 ……………093

4　面向空间治理的国土空间详细规划编制路径

4.1　构建全域覆盖的详细规划编制体系 ……………100

4.2　开发边界内详细规划编制路径 ……………108

4.3　开发边界外详细规划编制路径 ……………………………………125

5　面向空间治理的国土空间详细规划实施路径

5.1　衔接主要实施体系 …………………………………………………136
5.2　实施数字化转型 ……………………………………………………146
5.3　健全实施监督机制 …………………………………………………154

6　面向空间治理的国土空间详细规划编制和实施实践

6.1　先行地区工作思路与方法 …………………………………………164
6.2　城镇开发边界内详细规划实践案例 ………………………………175
6.3　城镇开发边界外详细规划实践案例 ………………………………186

参考文献 ………………………………………………………………………197

中国规划的三次改革

城市是经济社会发展和人民生产生活的重要载体，是现代文明的标志。城镇化是一个国家现代化建设的必由之路，是中国式现代化的重要空间载体和平台。改革开放以来，我国经历了世界历史上规模最大、速度最快的城镇化进程，全国城市数量、城市人口规模等都实现了快速发展和提质发展。截至2023年底，我国城镇化率已达到66.16%，比1978年末提高48.24%，年均提高1.07%。从1978年末到2023年，全国城市数量从193个（地级以上城市101个、县级市92个）增长到687个（地级以上城市293个、县级市394个），全国建制镇数量从约2000个增长到逾2.1万个，城市早已成为国家经济发展的主要引擎。

城市规划在城市发展中起着战略引领和刚性管控的重要作用。1978年3月，国务院召开第三次全国城市工作会议，制定了《关于加强城市建设工作的意见》，明确了"搞好城市规划，加强规划管理"等七项重点任务，首次将城市发展规划定义为刚性规划，规定"城市规划一经批准，必须认真执行，不得随意改变"，基本建立了未来30年城市规划工作的基本架构。2015年12月，时隔37年后，中央城市工作会议再次在北京召开，城市工作上升到中央层面进行专门研究部署，会议强调"依法规划、建设和管理城市，促进城市治理体系和治理能力现代化"。2022年10月，党的二十大会议强调"提高城市规划、建设、治理水平"。多个学者研究表明，规划是发展的龙头，城市规划对城镇化发展具有统筹城市空间和各类资源布局的社会价值，还具有促进区域经济发展和可持续发展等多重价值。

改革开放以来，中国快速城镇化进程衍生出大量的城市规划理论与实践，回顾40多年的发展演进史，中国的城市规划已然谱写了一部鸿篇巨制。清代著名思想家龚自珍曾言，"出乎史，入乎道，欲知大道，必先为史",研究中国规划变革需要从其各发展阶段的历史和现实中汲取经验。针对中华人民共和国城市规划发展的历史分期研究,多个学者已达成一定的研究共识,选择城市规划中的重大历史事件作为历史分期的主要标志,将改革开放后的城市规划发展划分为三个重要阶段:第一阶段是1978年第三次全国城市工作会议召开至2007年,此次会议对于"文化大革命"之后城市规划工作的指导思想和方针政策具有指南作用,是计划经济和改革开放背景下城市规划发展历史分期的重要标志;第二阶段是2008年《中华人民共和国城乡规划法》实施至2017年,《中华人民共和国城乡规划法》的颁布标志着我国城市规划法律制度建设迈上了一个新台阶,是国家治理体系重构背景下城乡规划发展历史分期的重要标志;第三阶段是2018年自然资源部组建和国土空间规划体系建立至今,它拉开了空间规划改革的大幕,是生态文明体制改革新形势下国土空间规划发展分期的重要标志。

城市规划是在不同城市化发展阶段,针对出现的各种问题给出解释、解答并进行积极干预的工作。本书研究中国规划变革,尤其是要研究从以上三个阶段中挖掘和揭示出来的规律性内容,科学阐明各个时期的城市规划特征和作用,进而把握其未来发展趋势和内在需要。

1.1 以市场经济发展为主导的城市规划体系建构

1.1.1 1978—2007年城市规划发展

自1949年中华人民共和国成立至1978年,城市规划经历了"配合国家重点项目""法治建设探索""三年不搞城市规划"等阶段，基本上属于临时性规划，是对国民经济计划的延续和补充，城市规划发展也从初步探索逐步走向了停滞和艰难复苏的状态。在实行改革开放的时代背景下，1978年第三次全国城市工作会议后，《关于加强城市建设工作的意见》发布，提出"认真抓好城市规划工作"，这标志着城市规划工作全面复兴。

我国的城市规划在20世纪80年代步入发展高潮，进入大普及、大提高的重要发展时期。这一时期又可进一步细分为1978—1989年、1990—2007年两个亚阶段。第一个亚阶段是走向市场经济的恢复重构期。城市规划逐步向服务计划经济过渡，逐渐适应改革开放的市场化和法治化发展。第二个亚阶段是面向科学发展和多值决策的发展转型期。1992年，党的十四大阐明了中国特色社会主义理论，明确提出了社会主义市场经济体制的改革目标和现代化发展战略。2003年，十六届三中全会提出了"科学发展观"。随着市场化和法治化的深入发展，城市规划进一步服务市场化资本和土地制度改革，其宏观调控和建设引导控制作用也在不断显现、调整和壮大，作为一项基于国家社会制度而建立起的相对完整的框架体系，且伴随着发展过程中出现的多变形式和多元发展诉求，城市规划发展不断进行反思和求变，逐步向和谐社会和科学发展迈进。

城市规划从落实经济计划的"被动载体"转变为引领发展建设的"主动工具"。我国在从计划经济向市场经济转型的过程中，城市建设领域出现新的情况，即土地使用权与所有权分离、国有土地的有偿出让与转让、房地产市场的出现、住房制度改革等一系列变化，使得社会关系和利益冲突日趋复杂，亟须改革旧有的以"计划安排"和"无偿使用"等为特征的城市建设管理方式与城市规划工作方法。国务院召开第二次全国城市规划工作会议，明确提出城市规划不完全是国民经济计划的延伸和具体化，城市作为经济和各项活动的载体，应按照市场来运作。随着国家战略导向的转变，城市规划的地位不断提高，城市规划工作在经济社会发展中发挥了重要的作用，为建立具有中国特色的城市规划体系打下了良好的基础，这一时期也是城市规划发展的黄金期。

1.1.1.1 体系建设

1978年，党的十一届三中全会召开，此次会议是中华人民共和国成立以来具有深远意义的伟大转折，是改革开放和社会主义现代化建设新阶段的开端，标志着经济逐步由计划性向市场化过渡，城市规划法治建设逐步推进，城市规划体系伴随着战略部署和市场实践正在逐步恢复重构，城市规划设计的编制工作步入了正常的轨道，城市规划体系走向市场经济和体系构建的恢复重构期。

1990年4月，经全国人大常委会审查批准，建设领域的第一部国家大法《中华人民共和国城市规划法》颁布实施，原有的《城市规划条例》同时废止。自此之后，《城市规划编制办法》《城市规划编制办法实施细则》等技术规范和土地、建筑等管理文件也陆续公布，这一时期是我国城市规划领域广泛开展法治化建设的重要时期，推动着我国城市规划体系不断完善，城市规划体系逐渐进入规范化建设的科学发展期。2000年，我国GDP增速突破8%，之后更是迅速增长，于2007年达到了14%的最高峰，土地资源的需求也达到了最高峰。2001年，我国正式加入世界贸易组织，市场经济快速发展。该阶段下，以GDP增长为目标导向的城市政府，在激烈的区域与城市竞争中普遍形成了增长型的治理模式，表现出强烈的

"政府企业化"特征，推动土地资源迫切增长，同时对环境保护提出了严峻挑战。2002年，党的十六大召开后不久，中央提出了"科学发展观""五个统筹"的战略思想，意味着国家试图扭转以往以GDP为中心的经济发展方式，强调促进经济、社会、生态各个方面的统筹发展，尤其是开始关注民生、区域和乡村，规划的工作领域也真正开始从"城市规划"拓展至"城乡规划"。国际的可持续发展共识深刻影响了中国城乡规划的行业发展，城市规划体系迈入面向科学发展和多值决策的发展转型期。

城市规划法治制度体系不断完善。1978—1989年，国务院、国家建委陆续召开了第三次全国城市工作会议、全国城市规划工作会议、城市住宅建设工作会议、风景区工作座谈会、全国城市园林绿化工作会议、全国设计工作会议等，明确提出搞好城市建设，全面恢复城市规划工作，并提出了一系列战略部署工作要求；陆续印发和颁布了《关于加强城市建设工作的意见》《关于试行加强基本建设管理几个规定的通知》《城市规划条例》《城市规划编制审批暂行办法》《城市规划定额指标暂行规定》《城市园林绿化管理暂行条例》《加强县镇规划工作的意见》《风景名胜区管理暂行条例》《关于加强历史文化名城规划的通知》《中华人民共和国城镇国有土地使用权出让和转让暂行条例》等多个文件，其中，《关于加强城市建设工作的意见》中明确提出要从国家层面建立健全规章制度，《城市规划条例》是我国第一部有关城市规划的行政法规，为我国的城市规划管理工作提供了重要的法律保障。随着大量外资引入，我国开始实行对涉外企业征收场地使用费的政策，一些城市也逐步向国内企业征收土地使用税，并开始了国有土地出让和转让的尝试。1990年，《中华人民共和国城镇国有土地使用权出让和转让暂行条例》规定了土地有偿使用制度，明确了土地使用权出让、转让、出租、抵押、终止、划拨等具体内容，这标志着我国从单一计划经济管理模式向计划经济与市场经济并行管理模式转化，标志着城市土地有偿使用开始走上依法管理的轨道，城市规划实践需求也大幅提升。

城市规划法治化和规范化体系建设。一是国有土地有偿使用的法治化。1992年，建设部发布《城市国有土地使用权出让转让规划管理办法》，提出"在城市规划区内城市国有土地使用权出让、转让必须符合城市规划"，控制性详细规划内容作为规划设计条件及附图纳入城市国有土地使用权出让、转让合同。2001年，国务院发布《国务院关于加强国有土地资产管理的通知》，提出严格控制建设用地供应总量，严格实行国有土地有偿使用制度，大力推行招标拍卖，加强土地使用权转让管理，加强地价管理和规范土地审批行为。2002年，国土资源部印发《招标拍卖挂牌出让国有土地使用权规定》，对经营性土地协议出让"叫停"，明确四类经营性用地使用权出让必须采用招拍挂方式。相关政策文件出台对土地市场建设的推进作用显而易见，土地制度改革逐步推动我国土地市场建设和培育的法治化和规范化。二是城市规划编制和管理体系的科学发展和规范化建设。1990年7月，我国第一个城市规划领域国家技术标准《城市建设用地分类与规划建设用地标准》印发，首次提出全国城市土地使用分类标准及代码、采用双因子控制城市规划建设用地人均标准，同年，建设部发布《关于统一实行建设用地规划许可证和建设工程规划许可证的通知》，"一书两证"管理体系逐步建立，城市规划管理的系统性、规范化逐步体现。1991年，建设部颁布《城市规划编制办法》，同年，建设部和国家计委共同发布《建设项目选址规划管理办法》。1993年，《风景名胜区建设管理规定》发布并实施。1994年，《城镇体系规划编制审批办法》和《村镇规划标准》

发布并实施。1995年,《城市规划编制办法实施细则》规范了控制性详细规划的具体编制内容和要求,其是1991年《城市规划编制办法》的补充和完善。新出台的法律法规对控制性详细规划做出的具体规定,标志着控制性详细规划的地位、作用与编制方法等在我国的明确化。2000年,国务院办公厅发布《国务院办公厅关于加强和改进城乡规划工作的通知》,对各项规划的编制与审批工作、城市总体规划修改认定制度和备案制度、城乡规划的实施管理、城乡规划的监督检查制度等提出指导要求。城市规划发展也开始逐步适应改革开放的市场化和法治化特点,统筹安排城市各类用地及空间资源,综合部署各项建设,实现经济和社会的可持续发展。

1.1.1.2　规划实践

1978年后,城市规划推动城市综合开发和配套建设,规划类型逐步多元化,在城市总体规划和详细规划中,在城市建设的方方面面发挥了重要作用。

"城市总体规划"实践全面铺开。城市规划工作座谈会提出了"全面恢复城市规划工作,立即开展编制总体规划工作"的要求。截至1986年底,全国353个设市城市中,共有339个完成了总体规划的编制工作,1980个县城中,共有1965个完成了总体规划的编制工作。自1980年起,国务院先后批复了长沙市、沈阳市、南宁市、武汉市、合肥市等38个重要城市的总体规划。到1988年底,全国400多个城市和2000多个县城、建制镇的总体规划编制审批工作全部顺利完成,实现了历史性跨越。该阶段,各城市依据已批准的城市总体规划进行各项城市建设工程,如重庆、沈阳、深圳、北京、大连等城市的一些对外交通设施、城市道路网和经济开发区的建设均得到城市总体规划的正确指导。城市总体规划实施情况都较好，且建设效益显著，自此我国城市进入了有规划、并按照规划进行建设的新阶段。1984年，《深圳经济特区总体规划（1985—2000）》《天津经济技术开发区规划》等规划的编制工作对我国城市规划理论和技术的发展具有深远影响，特别是《深圳经济特区总体规划（1985—2000）》提出的"多中心带状组团的弹性结构，富有远见的基础设施预留，交通规划与城市规划的有机结合"成为市场经济条件下我国城市规划探索的里程碑。

1987年之后，随着城市各项改革的深化，特别是住宅、基础设施、第三产业的迅速发展，原有的总体规划逐渐不能适应城市社会经济发展的需求，城市总体规划开始大规模开展修编工作。总体规划方面出现的问题，主要是城市人口规模考虑偏紧，建设发展速度考虑滞后，一些城市的用地结构布局束缚在一个狭小的范围内，不能适应吸引外来资金开发的需求，特别是在一些沿海开放城市和经济中心城市表现更为突出。之后编制的《深圳市城市总体规划（1996—2010）》将规划范围从特区扩展到市域2020平方千米，建立了"大深圳"概念，促进了特区内外两种建设形态的逐步融合，满足了城市人口和经济快速增长的需要，使深圳保持了良性的持续发展，堪称是快速发展城市的典范。1996年6月，在北京召开的第二十届国际建协大会上，《深圳市城市总体规划（1996—2010）》荣获UIA"阿伯克隆比城市规划奖"，这是我国城市规划首次在国际建协获奖，也是亚洲国家首次获得此项奖项的提名。

"控制性详细规划"逐步探索和不断深入，得到了较为系统的研究，促进了规划管理工作的科学化、法治化。1980年，国外土地分区规划管理（"区划法"）的理念在美国女建筑师协会来华学术交流时被引入国内，全国城市规划工作会议上首次提出土地有偿使用的建议。1981年，深圳市颁布《深圳经济特区土地管理暂行规定》，率先试行收取土地使用费。1984年，国家开始允许私人房屋买卖。1986年，我国颁布实施《中华人民共和国土地管理法》；同年8月，上海市城市规划设计研究院承担了部级科研课题"上海市土地使用区划管理研究"，从我国实际出发，提出了控制性规划图则、区划法规结合的匹配模式，编制了《城市土地使用区划管理法规》和《上海土地使用区划管理法规》。1987年，深圳首次公开拍卖土地使用权。1988年，《宪法修正案》明确"土地的使用权可以依照法律规定转让"，同年，全国人大常委会对《中华人民共和国土地管理法》做出修改，明确"国家依法实行国有土地有偿使用制度"。1989年底，《中华人民共和国城市规划法》中指出，城市详细规划应当包括规划地段各项的具体用地范围、建筑密度和高度等的控制指标、总平面布置、工程管线综合规划和竖向规划等内容。1990年，建设部组织专家对《上海市土地使用区划管理研究》进行评审，肯定了区划技术对土地有偿使用和规划管理走向立法控制的重要作用。1991年9月，建设部颁布了《城市规划编制办法》，首次将控制性详细规划作为规划编制的一个层次，作为适应城市土地有偿使用、满足土地招投标出让管理及技术要求的一种新的详细规划类型。详细规划主要包括控制性详细规划和修建性详细规划两类。控制性详细规划以控制建设用地性质、使用强度和空间环境作为城市规划管理的依据，一般可直接指导和控制修建性详细规划，同时作为法定技术管理工具，其侧重于制定指标体系与地块规划设计条件，是土地使用权转让的必要条件。修建性详细规划是形态具体化和空间形象化的成果，是将宏观控制要求具体化为微观控制的规划阶段，侧重于实施建设，用以指导各项建筑和工程设施的规划设计，是建设工程规划许可证核发的前提。控制性详细规划伴随着改革开放和市场经济体系的建立而产生，在中国规划领域具有开创性意义。

在"区划法"理念的影响下，随着土地制度改革，原有的总体规划逐渐不能适应城市社会经济发展，上海、厦门、温州、桂林等城市开始编制控制性详细规划。如《上海虹桥开发区土地出让规划》（1982年）为适应外资建设的要求，首次采用8项指标对用地建设进行规划控制；《厦门市中心特别区区划》（1987年）采用10项指标落实具体地块的规划意图，为每个地块设计了一张示意图，直观形象地表达了不同区划指标下的建筑形态，为开发商和管理者使用区划创造了便利条件；《温州市旧城改造控制规划》（1988年）提出"地块控制指标＋图则"的做法；桂林市将中心区用地按区、片、块逐项划分为基本地块，并为每一基本地块的综合指标逐一赋值，然后通过这些系统、完整的综合指标体系对城市建设加以控制引导。通过引入区划的思想，结合我国城市规划的实际情况，我国初步探索出一套较为完善的控制性详细规划编制的基本方法。一些地区探索了出台城市规划管理办法的相关地方立法工作，如广州市颁布了《广州市城市规划管理办法》和《广州市城市规划管理办法实施细则》，温州市颁布了《旧城区改造规划管理试行办法》和《旧城土地使用和建设管理技术规定》等。这些规划和立法工作的探索对我国控制性详细规划在内容、政策、表达等方面的完善起到了积极推动作用，使其成为我国在市场经济时代发挥城市总体规划的宏观调控作用、维护公共利益的新手段。

1.1.2　围绕土地市场经济的控制性详细规划发展特征

1978—2007年，详细规划最大的发展体现在控制性详细规划的兴起。中国的改革开放促使单一的计划经济向着有计划的市场经济转变，使得政府对城市建设的控制由行政、计划为主的直接控制转变为运用经济规划和法规手段的管理调节，以往城市建设计划、规划、建筑、实施的单向执行方式被打破。与此同时，土地有偿使用和房地产事业的发展，也已构成城市环境的强大力量。我国详细规划的产生也是源自于这种计划经济背景下国家建设项目管控的需求，其逐渐发展成为城镇建设用地管控的法定依据，形成了一套详细规划编管体系，上承总体规划，下接实施治理，在指导土地资源开发、公共资源配置中发挥了重要作用。这一系列的现实问题，都促使固定的传统规划观念和方法发生改变，由过去那种"我规划你适应"转变为如何使规划适应城市发展需求，这种条件背景，有力地推动了规划技术与方法的重大改革。

控制性详细规划从原先的技术参考文件转变为规划行政的基本依据。在市场经济体制下，城市高速发展，经济持续增长，使得城市开发建设规模和需求空前，城市规划工作从国家建设项目的规划设计转向对市场化开发的管控。伴随着土地有偿使用等制度改革深化，城市规划管理越来越离不开通过控制性详细规划对地块设定开发管控条件，控制性详细规划成为土地出让的必要程序和城市建设项目审批的基本依据。控制性详细规划有效契合了政府管理城市建设用地需要，提供了用地功能、建设强度、公共配套等的规划依据，对于片区开发和地块建设起到了重要作用。

作为城乡规划编制和管理体系的核心环节，控制性详细规划编制法规和主要内容逐步完善。1995年，建设部制定了《城市规划编制办法实施细则》，进一步明确了控制性详细规划的地位、内容与要求，使其逐步走上了规范化的轨道。2005年，建设部印发的《城市规划编制办法》，建立了科学、有序的城乡规划体系，明确了控制性详细规划的编制组织和编制要求。在规划体系中，控制性详细规划隶属于"总规—详规"体系的中间环节；在规划程序上，控制性详细规划以地方性管控为主，编制条例、专项规定辅助控制性详细规划指标；在规划指标上，控制性详细规划的开发建设功能与强度为强制性指标，其他为引导性内容。

控制性详细规划的管控历经"由形体设计逐步走向形体示意、由形体示意转变为指标抽象、由指标抽象走向'文本＋图则＋法规'体系构建"三个阶段。

第一阶段的传统的控制性详细规划工作重点实际上就是过去的修建设计，基本上停留在形体设计，以"摆房子"为特征、注重总平面布局和空间形体组织，空间形体组织仅作为一种有灵活性的示意，通过排房子的形式得出管理依据，由此来约束土地不合实际的高密度开发及见缝插针式的盲目发展。该阶段的控制性详细规划需要向以"确定土地开发条件"为导向的规划方式变革，为计划外项目、外企、私企、个体工商户等购买土地使用权、进行土地开发提供对接平台和管理依据。

第二阶段的形体示意灵活程度往往掌握在具体的办事人员手中，由于缺乏规范，且城市建设的不确定因素较多，易造成脱离实际的后果，控制性详细规划经历了最初的尝试，打破了传统"摆房子"的模式，实现了从形体示意到指标抽象的转变。量化指标的抽象弥补了形体示意规划的缺陷，它对规划地区进行地块划分并逐一赋值，通过控制指标约束城市开发建设。用综合指标体系控制城市建设的编制方法，指令式和指导性指标内容（包括文本和图则等成果表达形式）在这一阶段都初具雏形，并得到广泛认可和推广。

第三阶段特点是文本、图则和法规三者相互匹配且各自关联，共同约束着城市开发建设活动。例如，1988年《深圳市城市规划条例》把城市控制性详细规划的内容转化为法定图则，构建了以"法定图则"为核心的规划编制体系，出台了《深圳市法定图则编制技术规定》《法定图则审批办法》和《深圳市中心区法定图则（草案）》。编制法定图则本质上是技术立法，法定图则创新了成果表达形式，对我国控制性详细规划发展具有里程碑的意义，国内地方纷纷效仿，出台地方性管理办法，以指导、规范控制性详细规划的编制，加强城市建设的管理。

同时，该阶段的控制性详细规划存在诸多问题：一是各地根据需要编制控制性详细规划，规划的科学性不够，缺乏对城市现状、环境、发展、功能及建设配套等问题的深入研究，依据不足，脱离实际，突破城市总体规划整体管控内容的情况时有发生；二是指标管控缺乏弹性，不符合土地市场需求的灵活多样性，把每一栋房子都规划出来，缺乏弹性，这就造成了需要控制的反而因缺乏依据控制不了，而不该规划过细的又过于具体，反而比没有规划更糟，使规划管理陷入僵局。当时的总体规划和详细规划之间存在很大的距离，上下难以承接的矛盾十分突出。城市总体规划主要解决城市的性质、规模、发展方向和城市布局等战略性问题，其内容和深度难以为详细规划提供外部条件和技术经济制约条件，也难以直接指导建设管理，无法为拨地、选址、定向确定建设次序提供依据，只能对城市建设管理进行宏观控制。后来在总体规划与详细规划之间加入了分区规划，它是在战略控制的基础上，从内容和阶段上进一步深化整个层次的衔接，对后来的规划编制工作和建设管理起到了重要作用。但多年的实践证明，它们不能为规划管理提供充分和直接的依据，仍属于总体规划的阶段。

1.2　国家治理体系重构下的城乡规划转型发展

1.2.1　2008—2017年城乡规划发展

2008年开始，经济增长速度放缓，我国GDP增长速度由2008年的9.65%放缓到2015年的7.04%，中央做出经济步入"新常态"的判断。随着新一轮世界金融危机的爆发，中国增长主义模式走向终结，中央提出深化改革、创新发展等一系列新目标。同年，《中华人民共和国城乡规划法》正式实施，规定城乡规划应当遵循城乡统筹、合理布局、节约土地、集约发展和先规划后建设的原则，并应当划定"禁止、限制和适宜建设的地域范围"。我国原来速度快、大规模、粗放、低质量的城镇化模式难以为继，特别是城镇化率突破50%后，城乡关系进入新时期，提升城镇化质量的要求日益突出，城乡一体化规划得到高度重视。2008年3月，根据十一届全国人大一次会议通过的国务院机构改革方案，"建设部"改为"住房和城乡建设部"。2010年，国务院印发了《全国主体功能区规划》。2012年，党的十八大确定了"五位一体"的总体布局，提出了"四化"同步的发展战略。2013年，中央城镇化工作会议明确了城镇化的指导思想和重点任务。2014年，《国家新型城镇化规划（2014—2020年）》的出台，标志着我国城乡建设发展迎来新的历史时期。2016年，十八届五中全会强调，要完善空间治理体系，包括空间规划和用途管制等内容，这是我国国土空间规划由"空间管理"向"空间治理"转变的一个重要标志。2008年到2018年初，国家空间改革纳入政府机构改革方案的十年，进一步强化了"科学发展观"和"城乡统筹"等新理念对规划的指导，促使城乡规划在新的法律背景和现实背景中转型创新，是城乡规划实践快速成长但又日渐面临挑战的辉煌十年。

1.2.1.1　体系建设

我国的规划制度体系逐步完善，从城市逐步拓展至城乡空间管控。快速的城市化带来了城乡发展差异日益悬殊、城乡发展不平衡的问题。2005年，建设部发布的《城市规划编制办法》明确规定了城市总体规划包括市域城镇体系规划和中心城区规划两个方面，清晰界定了城市规划从中心城区到全域规划的任务和内容。2008年3月，国家建设部改组为住房和城乡建设部（简称"住建部"），进一步强化面向城乡统筹、打破城乡二元对立局面的规划工作。为了加强城乡规划管理，协调城乡空间布局，促进城乡经济社会全面协调可持续发展，2008年，《中华人民共和国城乡规划法》颁布实施，城乡规划的职能和作用得到极大拓展，城乡空间管控的能力得以加强，它标志着城市规划进入了城乡全面统筹规划的时代。中共中央、国务院发布《国家新型城镇化规划（2014—2020年）》，明确未来城镇化的发展路径、主要目标和战略任务，统筹相关领域制度和政策创新，是指导全国城镇化健康发展的宏观性、战略性、基础性规划，是推动有条件地区的经济社会发展总体规划、城市规划、土地利用规划等"多规合一"的规划。随着城乡关系进入新时期，城乡一体化规划得到高度重视，强调以人为本、规划与公共治理模式契合、建设宜居城市成为规划的新重点，规划类型逐步丰富多元。灾后重建、棚户区等衰败地区的改造振兴、城市空间品质提升等成为实践的热点，如《北川新县城灾后重建总体规划》《中新天津生态城总体规划(2008—2020年)》《宁波2030城市发展战略研究》《珠江三角洲绿道网总体规划纲要》等，这些规划在价值导向、理论方法上都有新的突破，社会公平和人居环境质量得到了更多的重视，规划逐步从单纯的工具理性转向社会理性。同时，基于全域、全要素统筹管控的国土空间规划使得传统的城市规划行业正在发生深刻的变革，人地关系得到了空前重视。

城市规划管理体系进入全域要素统管和体系探索的新阶段，开始市县"多规合一"的探索。从2008年开始，地方政府自发探索经济社会发展规划、城乡规划、土地利用规划等规划深度融合的"多规合一"，编制地方空间规划，这个时期是"自下而上"向国家部委争取空间管理政策和权限的过程。党的十八大以来，特别是习近平总书记在2013年中央城镇化工作会议上提出"建立空间规划体系，推进规划体制改革，加快规划立法工作"的发展目标，首次提出探索经济社会发展、城乡、土地利用规划的"三规合一"或"多规合一"，形成"一个县（市）一本规划一张蓝图"之后，"多规合一"真正进入国家推动期，其主要特征为自上而下的授权式改革。2014年，国家发展和改革委员会、国土资源部、环境保护部、住房和城乡建设部联合下发《关于开展市县"多规合一"试点工作的通知》，确定了28个"多规合一"市县试点单位，其中地级市6个，县级市（县）22个。2015年，中共中央、国务院印发《中共中央 国务院关于加快推进生态文明建设的意见》和《生态文明体制改革总体方案》，形成了推进生态文明建设、完善生态文明体制的纲领性架构，首次明确提出"构建以空间治理和空间结构优化为主要内容，全国统一、相互衔接、分级管理的空间规划体系，着力解决空间性规划重叠冲突、部门职责交叉重复、地方规划朝令夕改等问题"，并指出"空间规划分为国家、省、市县（设区的市空间规划范围为市辖区）三级"。2016年，福建、贵州、广西、云南、海南、宁夏等省区以省级空间规划试点为契机，积极开展市县"多规合一"试点，探索"多规合一"的具体思路。除以上省区外，其他尚未列入省级空间规划试点的省区市基于发展的需要，很多都自行开展了"多规合一"试点。2017年1月，中共中央办公厅、国务院办公厅印发《省级空间规划试点方案》，首次划定了城镇、农业、生态"三类空间"。按照《生态文明体制改革总体方案》，未来我国将建立统一衔接的空间规划体系，分为国家、省、市县三级。在技术方法、政策保障、法律法规、规划体制改革等方面都积累了有益的经验。

控制性详细规划法定地位得到确定，从引领发展建设"主动工具"转变为推动科学发展"治理工具"，制度框架基本建立。2008年，《中华人民共和国城乡规划法》颁布并实施后，明确了详细规划的在规划体系中"中间层级"的位置，赋予了包含控制性详细规划和修建性详细规划在内的传统详细规划史无前例的法定地位，成为落实城市总体规划和分区规划要求及建设项目规划管理的法定依据，标志着我国的城乡建设开始进入一个新的时期。相对于《中华人民共和国城市规划法》的"管理"赋权立法取向，《中华人民共和国城乡规划法》更多体现了"控权"的立法精神及实质性安排，《中华人民共和国城乡规划法》条件下的控制性详细规划从政府内部的"技术参考文件"变成了规划行政管理的"法定羁束性依据"，权威性、严肃性和成果体系的规范性得到保证，在早期片面重视控制性详细规划技术性完善的基础上，更加关注和强调控制性详细规划的法治性和公共性，控制性详细规划向控制公共资源转变，由单纯的技术体系变革向完善规划制度转变。2010年，《城市、镇控制性详细规划编制审批办法》发布后，我国控制性详细规划的制度框架基本成型，细分为控制性详细规划的编制管理、审批决策、实施管理三大方面。

1.2.1.2 规划实践

城镇详细规划法治化、控制性详细规划进入高速和高质量发展阶段。2015年，地方控制性详细规划（简称控规）制度设立出现高峰，从武汉、贵阳到嘉峪关、马鞍山等11个大中城市在这一年新出台了有关控制性详细规划的法律法规或规范性文件。截至2018年，全国已有数十个城市走上了控制性详细规划编制与管理规范化、制度化的道路。各地均开展了控制性详细规划的编制工作，有力地推动了控制性详细规划的编制与管理。该阶段控制性详细规划的实践特征主要体现在分区分类规划管控、城市设计精细化、实施评估框架三个方面。

在分区分类规划管控方面，中心城区用地空间逐步固化，城市增量空间主要集中在新城组团和新开发区，地块控制转向区域性和通则性规划控制，规划管理突显弹性，强调"以人为本"，控制公共资源转变。如《上海市控制性详细规划技术准则（2016年修订版）》提出，对中心城区和郊区区别控制，同时规划集中城市化地区可分为一般地区、重点地区和发展预留区三种编制地区类型，分别适用不同的规划编制深度。一般地区采用"普适图则"的管控方式，重点地区采用"普适图则＋附加图则"的管控方式，发展预留区以街坊为单位提出主导功能、强度分区、高度分区、公共服务设施、交通和市政基础设施等的总体要求。如南京建立以"6211"为核心的控制内容，"6"为六线控制，包括道路红线、绿化绿线、文物紫线、河道蓝线、高压黑线和轨道橙线，"2"为公益性公共设施和市政设施两种用地控制，两个"1"分别为高度分区及控制，特色意图区划定和主要控制要素。

在城市设计精细化方面，随着控规法律地位的不断提高，城市设计作为非法定规划，在详细规划层面依托法定的控规，将城市设计导则与技术管理规定、建设审批程序等相结合以服务城市空间管控的做法开始成为普遍现象，详细规划层面的城市设计实施具备了良好的法律环境。2015年，习近平总书记在中央城市工作会议中提出要"加强城市设计，提倡城市修补，加强控制性详细规划的公开性和强制性"，强调了城市设计在详细规划层面的管控作用和变革需求。如2010年4月《关于编制北京市城市设计导则的指导意见》出台，北京初步建立了依托控规的城市设计导则运作机制；《上海市控制性详细规划技术准则（2016年修订版）》也明确提出，城市重点地区需要在控规的普适图则基础上，通过城市设计等研究编制附加图则；天津逐渐形成了"一控规、两导则（土地细分导则、城市设计导则）"的控规编制体系，明确了城市设计可由市政府授权、规划局审批，以中心城区各层次城市设计的先行全覆盖为依托，开展控规阶段城市设计导则的探索与实践，在很大程度上保障了城市设计的法定地位。

在实施评估框架方面，2007年《中华人民共和国城乡规划法》专章规定规划的修改，比较系统地明确了总体规划、详细规划动态维护的权限、程序和规则。2009年《城市总体规划实施评估办法(试行)》专门规定了总体规划实施评估的方法。2010年《城市、镇控制性详细规划编制审批办法》对控制性详细规划编制和审批的要求做出了更加具体的规定，明确要求控制性详细规划组织编制机关应建立规划动态维护制度，有计划、有组织地对控制性详细规划进行评估和维护，并进一步规定了相应的维护程序。以控制性详细规划为基础，对基础数据、规划编制、规划审批、土地审批、管控要求等内容进行整合，实现统一平台、统一坐标、统一管理，构建"多规合一"的规划编制管理体系，逐步建立规划管理信息化系统。控制性详细规划从被动调整向主动维护转型，通过规划实施评估为规划"编制实施反馈修订"的管理流程形成技术支撑，对规划编制与实施起到预警作用，指导规划管理体系的动态调整。如《深圳全市域法定图则系统评估》已初步建立了法定图则年度滚动评估的基本框架和工作机制，重点是以GIS数据平台为基础，对法定图则管理的全过程进行评估。

1.2.2 围绕用地管控法定化的控制性详细规划发展特征

2008—2017年，控规最大的特征是它从原先的技术参考文件转变为规划行政的法定依据，从城市规划许可向空间用途管制的"系统性"发展，进入了面向管理的实用期。自《中华人民共和国城乡规划法》颁布实施后，一些城市全力展开了控规的全覆盖工作（包括制定控规全覆盖的时间表），广泛招标，以及不断投入大量财力和人力，基本上实现控制性详细规划全覆盖。2010年出台的《城市、镇控制性详细规划编制审批办法》提出，控规的编制应当综合考虑当地资源条件、环境状况、历史文化遗产、公共安全及土地权属等因素。各地在控规的编制中也更加注重交通、市政、公共服务、洪涝、社会稳定等专项评估工作，城镇详细规划所承载的功能和相应技术内容持续增加，已远超其诞生之初作为服务管理的技术性文件的范畴。

控规逐渐成熟深化，向着高质量、环保、低碳和法治化等方面发展。随着土地资源配置的市场化程度不断加深，为了提高土地资源使用效率，很多地方实施城乡建设用地增减挂钩等政策。《中华人民共和国城乡规划法》构建了控规的法定核心制度，强调通过控规行使建设用地的行政管理。在国家大力推进生态文明建设、高质量发展及国土空间用途管制的背景下，控规的研究与实践也有了新的发展与转型。一方面开始关注产权与权利，如在历史功能保护区的存量空间研究中，控规需要应对错综复杂的产权关系；另一方面更为强调广泛有效的公众参与，对于控规的"程序合法"更为重视，同时也更加强调绿色环保发展与低碳发展，如在控规中落实海绵城市及碳中和等方面的指标。

详细规划管控逐步法治化和规范化，管控内容逐步刚性重点式、区域性和通则式，规划成果逐步规范化。在规划体系中，控制性详细规划建立分层控制体系，建立"总量均衡"的多层次规划体系，增加中观控制层次，构建宏观—中观—微观的规划控制体系，逐层提出不同深度、不同侧重的调控要求，规划管控内容逐步核心指标化，控制深度由微观的地块控制转向强调区域性和通则性的规划控制。控制性详细规划对接总体规划，采取分区编制，制定地区化规划要素体系，将城市设计融入其中，精细化控制内容。2010年《城市、镇控制性详细规划编制审批办法》对控制性详细规划内容进行了适当精简，进一步突出刚性管控重点，指出控制性详细规划由图表、文本、说明书和其他资料构成，控制性详细规划编制成果中图表和文本是规划管理的法定依据。控制性详细规划编制体系已发展成为"分层编制，分类管控，分级管理"的基本架构，明确详细规划编制内容应包括用地性质和兼容性、用地指标、各类公共设施控制要求、"四线"控制要求等内容，还提出划分规划控制单元并编制单元规划。控制性详细规划支撑体系不断完善，成果表达也不断规范。

但是，在国土空间规划改革、当前控制性详细规划运行的制度环境发生巨大变迁、控制性详细规划作用的对象（城市开发）处于急剧变化的背景下，控制性详细规划出现了诸多问题，控制性详细规划频繁调整乃至"失效"的情况屡见不鲜，城市开发频频"失控"。这无疑影响了控制性详细规划的法定性与权威性，更与《中华人民共和国城乡规划法》的要求存在矛盾和冲突，详细规划已无法适应城市化快速发展进程的需求，在编制方法、编制技术、实施、管理等各个环节都存在着诸多问题，大家对控制性详细规划的改革也争论不断，主要存在的问题如下：一是分类管控不足，深度未能满足不同地区的特征需求，现阶段控制性详细规划重点关注城乡建成区，对于非建设空间始终缺乏有效管理与监督工具；二是品质提升乏力，对于社区级民生设施欠缺考虑，公共服务设施补齐短板难以实施；三是动态维护困难，缺少针对规划审批项目的影响分析；四是规划衔接不畅，实际编制管理中难以落实相关规划内容；五是舆论监督和群众监督的渠道有待拓展。这不仅是因为思路和理念，以及规划的理论、方法和技术的问题，而是因为城市规划的制度建设相对于中国城市发展而言越来越滞后了，亟须进行改革和创新。

1.3　生态文明体制改革下的国土空间规划体系建构

1.3.1　2018年至今国土空间规划发展

1.3.1.1　体系建立

2018年3月，为深化党和国家机构改革，国务院组建自然资源部。同年9月，自然资源部"三定"方案正式落实，明确其"两统一"职责，即"统一行使全民所有自然资源资产所有者职责，统一行使所有国土空间用途管制和生态保护修复职责"，"建立国土空间规划体系并监督实施"，城市规划被纳入统一的国土空间规划体系，规划范围由城市规划区拓展到行政辖区全域，规划体制由此产生实质性的转变。自2012年国家治理体系建设的提出，到2018年自然资源部"三定"方案的确定，短短数年，国家空间治理体系建设已从概念提出走向了实际操作阶段，自然资源部的组建结束了此前多个部门的职责交叉与冲突局面，形成了部门的"多规合一"，我国规划体制改革自此进入了空间规划体系新时期。

2019年5月，《中共中央 国务院关于建立国土空间规划体系并监督实施的若干意见》明确建立了"五级三类四体系"的国土空间规划体系并监督实施的"顶层设计"，明确了详细规划是对具体地块用途和开发建设强度等做出实施性安排，开展国土空间开发保护活动、进行国土空间用途管制、核发规划许可、开展各类建设活动等的法定依据，从而进一步强化了详细规划由"形态设计"向"开发控制"转型，是空间协同发展阶段的里程碑。国土空间规划是对各类型空间规划的整合重构，是社会经济发展的现实要求，治理现代化也给国土空间规划带来了新要求和新挑战。我国的详细规划作为城乡建设的技术管理工具、规划许可决策依据，其在规划管理、城乡建设过程中的有效性已被广泛接受。但同时，详细规划也面临着与现代化规划治理制度相矛盾、规划管理权责边界模糊、缺乏对非建设空间与空间环境品质的管理等困境，在以往的城镇用地管控过程中，传统城乡规划体系下的控制性详细规划技术存在许多问题。随着我国"五级三类四体系"的国土空间规划体系的建立，详细规划的重要性日益凸显。

习近平总书记指出，提高城市治理水平，一定要在科学化、精细化、智能化上下功夫，适应各城市不断涌现的发展要求，提升城市精细化管理水平。从国土空间治理的角度来看，详细规划的职能由对城乡开发建设活动的管理向对国土空间保护、开发、利用、修复等活动的开展转变。在新一轮国土空间规划体系改革的大背景下，传统城乡规划体系下的控制性详细规划在法规体系、行政体系和运作体系方面都在剧烈地变革，已无法适应新时期国土空间治理的需要。详细规划的职能、内涵和管理机制都有必要进行适当的完善和改进，使之能够承担起建设全域全要素的国土空间用途管制制度、实现城乡"一张图"精细化规划管理、提高空间环境品质、服务政府现代化规划治理等职能。新的土地管理法、城市居住区规划设计标准、不断发布的有关城市更新的通知与意见，对城市建设的各类活动都产生了深远的影响，各地在规划管理中按照详细规划实现"一张蓝图绘到底"，详细规划需要不断应对国家政策的改变。

2023年，《自然资源部关于加强国土空间详细规划工作的通知》对详细规划的地位、作用、编制、实施和管理等方面的工作做出了指示，详细规划亟须做出相应的改革与调整，以更好地发挥作用。因此，详细规划的编制方法与技术也亟待改革与创新。作为实施性规划的详细规划，正在由传统城乡规划体系向国土空间规划体系转变，是开展国土空间治理的一项重要手段，因此其编制成果体系也要适应新时期国土空间治理工作的特点和需求。城乡规划体系下的详细规划成果存在标准化不足、表达方式过于抽象、缺乏公众参与、内容和形式繁多、信息化程度不足等问题，已不能满足国土空间规划体系对详细规划的发展要求，因此亟须对详细规划成果体系进行改革和优化。

1.3.1.2　规划工作进展

国土空间总体规划全面铺开。按照《中共中央 国务院关于建立国土空间规划体系并监督实施的若干意见》（以下简称《若干意见》）的文件要求，到2020年要"基本建立国土空间规划体系"，要"基本完成市县以上各级国土空间总体规划编制"，当前我国各地各级国土空间规划编制和研究正如火如荼地推进中，部分省市县的国土空间规划的成果开始逐步公示，自然资源部也先后发布了《省级国土空间规划编制指南》（试行）、《市级国土空间总体规划编制指南（试行）》等一系列技术性文件，从规划编制内容要点、组织程序等方面进行规范和引导。2023年，我国首部"多规合一"的国家级空间规划《全国国土空间规划纲要（2021—2035年）》全面落实，各级各类国土空间规划编制实施取得积极进展。截至目前，江苏、广东、宁夏等16个省（自治区、市）国土空间规划获国务院批复。市县级国土空间总体规划均已编制完成，正在抓紧按程序报批。其中，江苏、广东、宁夏、江西、山东、海南、山西7省（自治区）由省（自治区）政府批准的市级国土空间总体规划已全部批准；江苏、广东、海南已批准部分县级国土空间总体规划。

国土空间详细规划初步探索。在总体规划指引下，自然资源部进一步明确详细规划改革方向，指导各地面向全域、面向实施、面向存量，分区分类编制实施国土空间详细规划，全国20多个省份细化出台详细规划政策文件或标准规程。南京构建了国土空间"全流程"闭环管理机制，实现全要素精细化详细规划管控。以"调查—规划—规划条件—审批—登记"全链条业务数据治理，客观反映该市教育、文化、体育、养老、医疗卫生等社会民生和公共服务领域现状，服务于详细规划编制，促进城市功能结构优化和空间品质提升。厦门开展了立体空间全要素数据调查、建库和平台建设，初步实现数字化管理从"重保护开发利用"到覆盖整治、修复等各类空间行为管控。对于需要加强历史文化保护和微更新的老城区，依托平台数据库明晰保护和更新要求，辅助规划设计，生成详细规划附加图则；对相对稳定的建成区，完善平台对社区生活圈系列指标监测评估，深化详细规划编制中对社区规划的研究等。

1.3.2 适应国土空间治理需求的详细规划发展特征

关注全域全要素的综合管控。从生态文明建设的目标出发，在实施全域全要素国土空间用途管制制度的背景下，"山水林田湖草沙"被视为有机整体，生态、农业空间成为关注重点，详细规划的内容更侧重综合性，既包含行政区域内全域建设空间与非建设空间的管控，还包含以国土空间为载体的交通、水利、能源、各类基础设施等全要素的统筹管控。因此，新时期的详细规划应将管控范围拓展至全域空间，加强对城乡非建设空间的积极管控，实行非建设区域的"控规全覆盖"，并针对性地开展政策制度设计，既要保护好非建设空间，也要促进非建设空间的合理使用，形成符合非建设空间治理需求的规划编制和实施管理机制。结合行政事权的单元划分和深层次的规划实施引导，实现了对传统规划管控模式的修正，从根本上解决了过去详细规划对特殊区域、非建设空间管控不足等问题，真正落实了习近平总书记提出的"把每一寸土地都规划得清清楚楚"的理念，推动详细规划从科学发展"治理工具"转变为生态文明建设"空间蓝图"。

关注"刚弹结合"的规则化管控。随着我国城乡建设步入高质量发展阶段，在生态优先、节约集约等发展理念指引下，城镇发展不仅要"增量扩张"，还要"存量优化"，传统"一刀切"式的控规编制方法和管控方式，以及蓝图式、静态式空间治理模式已难以有效应对新时期"双碳"目标、有机更新、绿色节能、文化传承等诸多复杂问题，难以适应现代多元化、动态化的发展需求，这也导致在实际操作中时常出现规划难以实施、与现实管理脱节、一些特殊区域或地块的指标难以满足的问题。一方面，由于缺乏弹性，控规频频修改调整的现象屡见不鲜，对其法定地位产生较大负面影响；另一方面，传统控规缺乏与土地利用总体规划、生态环境保护规划、国民经济和社会发展规划等的衔接，存在编制内容不完善、协调性及可持续性欠缺等问题。新时期详细规划改变了过去自上而下的规划工作模式，鼓励各地因地制宜探索不同单元类型、不同层级深度详细规划的编制和管控方法，因地制宜制定适应新产业、新业态、新生活，体现地域文化的地方性规范标准，真正将"自上而下"的规划要求和"自下而上"的工作诉求充分结合，为实现规划分级管控、分类而治提供一个基本范式。提升详细规划的管控弹性是促进城市包容性发展、适应城市未来发展不确定性、提升规划可持续性的重要手段。详细规划所提供的不应是具体的未来空间布局方案，而应是未来城市空间布局和开发建设的规则或限定条件，具体的建设布局会随着不同的发展时序和实际情况而有所调整，从而满足城市的多元弹性发展需求。新时期详细规划通过对增量空间和存量空间的规划统筹，兼顾保护和发展的需求，注重内涵式、集约型和绿色化发展，并通过规划体检评估、数字化转型和"一张图"制度建设等手段，实现国土空间"善智"与"善治"。

关注"时空覆盖"的传导式管控。规划实施监督作为国土空间规划体系中的重要支撑内容，强调了规划的动态监测维护和调整完善机制。详细规划作为面向实施层面的传导性规划，其所确定的并不只是开发建设的"终极式蓝图"，更是一种对用地空间从开发建设到保护管控的"保姆式"动态周期性规划导控，承担着整个规划体系"时空覆盖"的传导重任，详细规划不仅注重利用新技术、新手段、新理念提高规划编制水平，更强调规划过程要充分考虑已批、已供、已许可的情况，做好与土地利用、产权置换、强度调节、价格机制等用地政策的有机融合。强化私权协调，合理配置空间发展权，加强对规划过程与地籍管理、土地征收、土地供应、增存挂钩、增减挂钩、存量盘活等"流量过程"的谋划，统筹空间开发任务的时空分解工作。同时，随着国土空间规划"一张图"信息平台的搭建，详细规划成为实现规划治理现代化的重要支撑，通过对全域全要素的开发建设管控和动态管理，实现了基于相同工作框架下的规划管理审批和监测评估，促进了规划的精细化管理，解决了传统控规存在的与其他规划衔接不到位、缺乏实施性等问题。强化过程记录，建立"动态更新、过程留痕"的详细规划管理系统，通过对多元空间数据的整合与同步更新，对城镇详细规划批复后的实施情况进行动态监测与维护，强化城镇详细规划编制与管理的科学性。

治理现代化目标下的国土空间规划体系重构

2.1 国土空间规划体系

2.1.1 国土空间规划构架的顶层设计

2.1.1.1 国土空间生态文明制度的"四梁八柱"

党的十八届三中全会提出要加快建立生态文明制度，深化生态文明体制改革，尽快把生态文明制度的"四梁八柱"建立起来，把生态文明建设纳入制度化、法治化轨道。这里提到的"四梁八柱"便是空间规划体系构建的前提基础，其中"四梁"是指优化国土开发、促进资源节约、保护生态环境、健全生态制度四大任务；"八柱"是指逐步建立的自然资源资产产权制度、国土开发保护制度、空间规划体系、资源总量管理和节约制度、资源有偿使用和补偿制度、生态环境治理制度、环境治理与生态保护市场体系、生态文明绩效考核和责任追究八大制度体系。作为"八柱"之一，空间规划体系起着举足轻重的作用。

2019年，《中共中央 国务院关于建立国土空间规划体系并监督实施的若干意见》发布，进一步明确要建立国土空间规划体系并监督实施，将主体功能区规划、土地利用规划、城乡规划等空间规划融合为统一的国土空间规划，实现"多规合一"，强化国土空间规划对各专项规划的指导约束作用。

该意见明确了国土空间规划的主要目标。到2020年，基本建立国土空间规划体系，逐步建立"多规合一"的规划编制审批体系、实施监督体系、法规政策体系和技术标准体系；基本完成市县以上各级国土空间总体规划编制工作，初步形成全国国土空间开发保护"一张图"。到2025年，健全国土空间规划法规政策和技术标准体系；全面实施国土空间监测预警和绩效考核机制；形成以国土空间规划为基础，以统一用途管制为手段的国土空间开发保护制度。到2035年，全面提升国土空间治理体系和治理能力现代化水平，基本形成生产空间集约高效、生活空间宜居适度、生态空间山清水秀、安全和谐、富有竞争力和可持续发展的国土空间格局。

2.1.1.2 国土空间自然资源部门组建

2018年，《深化党和国家机构改革方案》提出，建设生态文明是中华民族永续发展的千年大计，必须树立和践行"绿水青山就是金山银山"的理念，统筹"山水林田湖草"系统治理，着力解决自然资源所有者不到位、空间规划重叠等问题；首次明确了自然资源部门的主要职责，即对自然资源开发利用和保护进行监管，建立空间规划体系并监督实施，履行全民所有各类自然资源资产所有者职责，统一调查和确权登记，建立自然资源有偿使用制度，负责测绘和地质勘查行业管理等。在此，自然资源部门"统一行使全民所有自然资源资产所有者职责"和"统一行使所有国土空间用途管制和生态保护修复职责"被统一，被赋予加强对生态文明建设的总体设计和组织领导的使命，国土空间规划体系的制定与权责部门被正式明确。

2.1.1.3 国土空间政策趋势

一系列国土空间政策的制定，奠定了工作开展的政策基础，其作为顶层蓝图的地位被强调，成了各级政府的战略部署与工作落实的核心工具。

2013年，《中共中央关于全面深化改革若干重大问题的决定》提出，建立"空间规划体系，划定生产、生活、生态空间开发管制界限，落实用途管制"，以及"完善自然资源监管体制，统一行使所有国土空间用途管制职责"。

2015年9月，《生态文明体制改革总体方案》提出，构建"以空间规划为基础、以用途管制为主要手段的国土空间开发保护制度"，构建"以空间治理和空间结构优化为主要内容，全国统一、相互衔接、分级管理的空间规划体系"。

2017年10月，《决胜全面建成小康社会 夺取新时代中国特色社会主义伟大胜利——在中国共产党第十九次全国代表大会上的报告》提出，构建"国土空间开发保护制度，完善主体功能区配套政策，建立以国家公园为主体的自然保护地体系"，坚决制止和惩处破坏生态环境行为。

2018年2月，《中共中央关于深化党和国家机构改革的决定》提出，组建自然资源部，统一行使"所有国土空间用途管制和生态保护修复职责"，同时"强化国土空间规划对各专项规划的指导约束作用"，推进"多规合一"，实现土地利用规划、城乡规划等有机融合。

2022年10月，《高举中国特色社会主义伟大旗帜 为全面建设社会主义现代化国家而团结奋斗——在中国共产党第二十次全国代表大会上的报告》提出，高质量发展将会是未来国家和地方开展国土空间规划工作的政策的基础，国土空间规划作为政府战略部署和政策实施的重要工具，工作重点在于引导空间重组、提升城乡品质和建设生态文明三个方面。

2.1.2 国土空间规划的主要任务

2.1.2.1 满足国家高质量发展的新时期要求

高质量发展是全面建设社会主义现代化国家的首要任务。新时代国土空间规划技术体系的建构发展，既是推动规划技术创新、提升国土空间治理能力的重要方向和路径，也是更好地服务城乡经济社会高质量发展的战略需要。从规划体系构建的基础来看，国土空间规划体系建立的基本出发点是生态文明和空间治理现代化，与城乡规划、土地规划有深刻的差异。国土空间规划更加关注的问题是如何提高政府管理的行政效能，以及如何处理好发展和保护关系，在满足高质量发展要求下，提供高质量的国土空间布局，统筹发展和安全、发展和保护、发展和合作三大关系，建立从满足"物质文化需要"到满足"美好生活需要"转变、从解决"落后的社会生产"到解决"不平衡不充分的发展"问题转变的全新制度设计。

高质量发展对空间规划提出了如下要求。

（1）从全球化到双循环，国际局势发生变化，规划要发挥战略引领和刚性管控作用。2020年5月14日，中共中央政治局常委会会议首次提出"深化供给侧结构性改革，充分发挥我国超大规模市场优势和内需潜力，构建国内国际双循环相互促进的新发展格局"，构建以国内大循环为主体、国内国际双循环互促的新格局成为新时期要求，通过经济循环的畅通，打造国内大循环的重要节点和国内国际双循环的战略链接，强化功能支撑、提升开放水平，这些要求也对国土空间规划的内在治理逻辑产生了深刻的影响。

（2）从增量到存量，社会经济发展发生了变化，规划要发挥战略引领和刚性管控作用。党的十八大以来，党中央直面我国经济发展的深层次矛盾和问题，提出创新、协调、绿色、开放、共享的新发展理念，并明确提出要通过经济转型和高质量发展，有效配置各项发展资源，促进经济结构的全面升级；通过提高生产要素、生产力、全要素效率，而不是靠要素投入量的扩大，提升经济的活力、创新力和竞争力。这就需要国土空间规划通过国土空间资源的配置、管控，在国土空间开发保护中发挥战略引领和刚性管控作用，推动、促进、保障甚至在一定程度上"倒逼"发展方式的转变。

（3）从求量到重质、以人民为中心，规划要落实推动新型城镇化的各项要求。习近平总书记曾在2013年中央城镇化工作会议上指出，我国城镇化在快速发展中积累了不少矛盾和问题。如2亿多进城农民工和其他常住人口还没有完全融入城市；一些地方城镇建设规模扩张过快、占地过多，"摊大饼"问题突出，对保护耕地和保护粮食安全构成威胁；许多城镇资源环境承载能力减弱，水土资源和能源不足、环境污染等问题凸显；相当一部分城市建设规模和速度超出财力，城市政府债务负担过重，财政和金融风险不断积累；城市社会治理体制和水平滞后于人口流动、社会结构变化、利益诉求多样化的趋势，社会稳定面临许多挑战。

2.1.2.2 落实国家治理体系的新阶段任务

（1）体现国家意志，锁定安全底线。作为国家空间发展的指南和可持续发展的空间蓝图，国土空间规划必须体现国家意志，确保国家安全战略、区域协调发展战略、主体功能区战略等国家战略在国土空间规划体系中予以传导落实。通过协同闭环的规划编制审批、评价、实施、监督等全生命周期管控，自上而下地层层落实中央重大决策部署。如将以"三条控制线"为核心的约束性、引导性指标，从国家、省级宏观层面进行战略引导、统筹协调，在市、县、乡镇层面予以落位实施。2019年3月5日，习近平总书记在参加十三届全国人大二次会议内蒙古代表团审议时指出，要"坚持底线思维，以国土空间规划为依据，把城镇、农业、生态空间和生态保护红线、永久基本农田保护红线、城镇开发边界作为调整经济结构、规划产业发展、推进城镇化不可逾越的红线"。为落实指示精神，国土空间规划要坚持最严格的耕地保护制度、生态环境保护制度、节约用地制度，统筹发展和安全，完成"三区三线"划定，构成各级各类国土空间规划基础底板，为促进人与自然和谐共生奠定空间格局，夯实中华民族永续发展的空间基础。

（2）落实国家战略，优化空间格局和功能。习近平总书记在党的二十大报告中指出，要"优化国土空间发展格局""构建优势互补、高质量发展的区域经济布局和国土空间体系"。国土空间发展格局是国家发展目标、发展战略和发展方式在空间上的体现，是实现经济社会发展目标的基本载体。国土空间发展格局是否合理，决定了一个国家能否实现长期可持续发展，能否在发展中实现人与自然相协调，实现经济社会活动在空间关系上的协调。因此，须根据我国特定的地理空间条件，遵循自然规律、经济社会规律，更加注重统筹经济需要、生活需要、生态需要、安全需要，有效发挥政府规制和调节作用，处理好经济发展、人民生活、生态环境、国家安全之间的关系，充分考虑人口总量和结构变动、经济发展阶段及特点、生态环境条件约束、国家安全和地缘政治格局等因素，健全主体功能区制度，立足资源环境承载能力，发挥各地比较优势，逐步形成城市化地区、农产品主产区、生态功能区三大空间格局，并在此基础上优化重大基础设施、重大生产力和公共资源布局，实现不同功能空间的优势互补、高质量发展。

（3）以人民为中心，塑造高品质国土空间。2019年我国常住人口城镇化率首次超过60%，在经济快速增长的背景下，如何满足人民日益增长的美好生活需要，提升人民群众的幸福感成为重要议题。在新型城镇化发展趋势下，将顶层设计更好地转化为治理效能，要以人民为中心探寻提高国土空间治理能力之道，要寻求破解国土空间现状与人民群众生产生活持续增长的空间需求之间突出矛盾的治理路径，构建生产空间集约高效、生活空间宜居适度、生态空间山清水秀、安全和谐、富有竞争力和可持续发展的国土空间格局，进而推动社会经济与环境的可持续与均衡发展，让人民生活得更加美好。贯彻以人民为中心的发展思想，遵循自然规律和城市发展规律，塑造高质量发展、高品质生活的城镇空间，打造与乡村振兴相适应的乡村空间，修复山清水秀的生态空间。

（4）以问题为目标导向，落实核心任务要求。优化全域全要素格局，加强底线管控是国土空间规划改革的核心任务。因此有几个关键问题需要厘清。第一，全域全要素格局优化的基本逻辑。其核心是围绕国家主体功能区战略的落实，从国家尺度到地方尺度建立国土空间格局优化的底板。第二，底线与战略。底线管控是逐步稳定的，最终反映的是一个刚性的、静态的管控要求，而空间战略是动态的，需要应对不同阶段的发展战略需求，所以静态和动态之间需要通过行动维度建立起时空关系。第三，要处理好动态与静态、战略与刚性管控的关系，需要在制度层面完善规划编制、空间政策和规划立法之间的整体关系，建立起一套逐步稳定的规划运行模式。

2.1.3 构建"五级三类四体系"框架

开展国土空间规划要先构建全国统一、相互衔接、分级管理、权责清晰、依法规范、高效运行的国土空间规划体系并监督实施。2019年5月，《中共中央 国务院关于建立国土空间规划体系并监督实施的若干意见》初步确立了"五级三类四体系"的国土空间规划体系总体框架（见图2-1）。不仅要重构生态文明导向下国土空间开发保护模式，促进全域全要素空间格局优化，同时要解决长期以来"多规打架"的矛盾，全面提升国家空间治理能力。

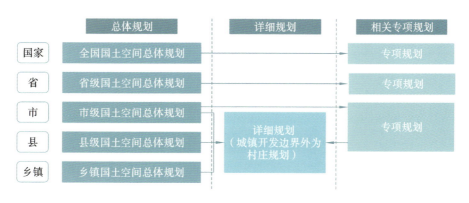

图2-1 "五级三类四体系"框架

2.1.3.1　国土空间规划的"五级"层级

在规划层级上，国土空间规划分为国家级、省级、市级、县级、乡镇级五级。这五级规划，分别对应我国五个行政管理层级，以便实现一级政府、一级事权、一级规划，统筹安排各级行政辖区内的国土空间开发保护。五级规划自上而下编制，下级规划服从、服务于上级规划，不得违背上级规划确定的约束性内容。不同层级规划体现不同的空间尺度和编制深度要求。

全国国土空间总体规划由自然资源部会同相关部门组织编制，其功能定位是对全国国土空间做出全局安排，是全国国土空间保护、开发、利用、修复的政策和总纲。全国国土空间总体规划侧重战略性，即落实国家安全战略、区域协调发展战略和主体功能区战略，明确全国国土空间发展目标策略，优化全国国土空间格局。

省级国土空间总体规划由省级人民政府组织编制，其功能定位是落实全国国土空间规划，指导市、县国土空间规划编制，侧重协调性，即协调全国国土空间总体规划和市、县级国土空间总体规划。

市、县级国土空间总体规划由相应层级人民政府组织编制，其功能定位是细化落实上级国土空间规划要求，对本行政区域国土空间开发保护做出具体安排，侧重实施性。所谓的实施性，即对市、县级行政辖区内的国土空间，在开发、保护、利用方面提出可操作的实施方案，实现全域全要素规划管控。

乡镇级国土空间总体规划的功能定位与市、县级相同。各地可因地制宜，将市、县级与乡镇级国土空间总体规划合并编制，也可以几个乡镇为单元编制乡镇级国土空间总体规划。

2.1.3.2 国土空间规划的"三类"类型

在规划类型上，国土空间规划分为总体规划、详细规划和相关专项规划三种类型。

总体规划是对一定区域内的国土空间，在开发、保护、建设方面，在时间和空间上做出的总体安排，强调综合性，如前述的国家级、省级、市级、县级、乡镇级国土空间总体规划。

详细规划是对具体地块用途和开发建设强度等做出的实施性安排。详细规划强调可操作性，是规划行政许可的依据，一般在市、县及以下编制。在城镇开发边界内，由市、县自然资源主管部门组织编制详细规划，即控制性详细规划；在城镇开发边界外，由乡镇政府组织编制"多规合一"的实用性村庄规划，以此作为详细规划。

相关专项规划是指在特定区域、特定流域或特定领域，为体现特定功能，对空间开发、保护、建设做出的专门安排，是涉及空间利用的专项规划，强调专门性。相关专项规划也有国家级、省级、市级、县级的层级划分，要因地制宜选择编制类型和精度。如京津冀城市群规划、自然保护地规划、长江流域空间规划，或者是交通规划、能源规划、市政规划等，都是涉及空间利用的专项规划。

这三种类型规划之间的关系是：总体规划是详细规划的依据，即详细规划编制修改要依据总体规划；总体规划是相关专项规划编制的基础，即总体规划指导约束相关专项规划的编制；相关专项规划要遵循总体规划，不得违背总体规划强制性内容，要与详细规划做好衔接，将主要内容纳入详细规划，相关专项规划之间也要互相协同；详细规划要依据总体规划进行编制修改,将相关专项规划主要内容纳入其中。

2.1.3.3　国土空间规划的"四体系"

从规划运行方面来看,国土空间规划体系可分为四个子体系:从规划流程角度看,有编制审批体系和实施监督体系;从支撑规划运行角度看,有法规政策体系和技术标准体系。这四个子体系共同构成支撑体系。其中,规划编制审批体系和实施监督体系包括编制、审批、实施、监测、评估、预警、考核、完善等完整闭环的规划及实施管理流程;法规政策体系和技术标准体系是两个基础支撑。

编制审批体系即各级各类国土空间规划编制和审批以及规划之间的协调配合。新的国土空间规划融合了主体功能区规划、土地利用规划、城乡规划等空间规划,包括"五级三类":"五级"规划体现一级政府一级事权,全域全要素规划管控,强调各级侧重点不同;"三类"规划包括总体规划、相关专项规划和详细规划,总体规划是战略性总纲,相关专项规划是对特定区域或特定领域空间开发保护的安排,详细规划做出具体细化的实施性规定,是规划许可的依据。

实施监督体系即国土空间规划的实施和监督管理。它包括以国土空间规划为依据,对所有国土空间实施用途管制;依据详细规划实施城乡建设项目相关规划许可;建立规划动态监测、评估、预警以及维护更新等机制;优化现行审批流程,提高审批效能和监管服务水平;制定城镇开发边界内外差异化的管制措施;建立国土空间规划"一张图"实施监督信息系统,并利用大数据、智慧化等技术手段加强规划实施监督等。

法规政策体系是对国土空间规划体系的法规政策支撑。一方面，国土空间规划要在充分梳理研究已有相关法律法规的基础上，加快立法，做好过渡时期的法律衔接；另一方面，国土空间规划的编制和实施需要全社会的共同参与和各部门的协同配合，需要有关部门配合建立健全人口、资源、生态环境、财政、金融等配套政策，保障规划有效实施。

技术标准体系是对国土空间规划体系的技术支撑。"多规合一"对原有城乡规划和土地利用规划的技术标准体系提出了重构性改革要求，要按照生态文明建设的要求，改变原来以服务开发建设为主的工程思维方式，注重生态优先、绿色发展，强调生产、生活、生态空间有机融合。按照本次改革要求，自然资源部将牵头建构统一的国土空间技术标准体系，并加快制定各类各级国土空间规划编制技术规程。2021年，自然资源部、国家标准化管理委员会制定了《国土空间规划技术标准体系建设三年行动计划（2021—2023年）》，公布了国土空间规划技术标准体系的基本框架，明确了近3年国土空间规划技术标准体系建设的指导思想、基本原则，提出了标准体系构建、标准制修订、标准宣贯培训三方面的行动目标，并明确了主要工作及其保障措施。

2.1.4　国土空间规划体系特点

2.1.4.1　体现规划战略性

国土空间规划深刻体现了国家意志和国家发展规划的战略性，统领国土空间开发保护的各项工作。其全面落实了党中央、国务院重大决策部署，通过自上而下编制各级国土空间规划，对空间发展做出了战略性、系统性的安排。作为中长期的规划，其强调永续发展，并与国家"两个一百年"奋斗目标相匹配。国土空间规划首先在全国层面明确总体开发保护格局，然后在省、市、县、乡镇层层落实国家区域战略部署，最终实现区域统筹。

2.1.4.2 提高规划科学性

国土空间规划积极响应了以生态优先、绿色发展为导向的高质量发展需求，坚持开展资源环境承载能力和国土空间开发适宜性评价。按照"多规合一"的要求，在开展资源环境承载能力和国土空间开发适宜性评价的基础上，统筹生产、生活、生态三类空间，划定生态保护红线、永久基本农田保护红线、城镇开发边界三条控制线，设定国土空间开发利用的底线；做好陆海统筹、城乡统筹以及地上地下空间的统筹；同时重视保护自然与人文特色，在国土空间规划中运用城市设计方法，提高空间品质；运用大数据等新方法，拓展空间规划研究的广度和深度，做到科学谋划国土空间开发保护格局。

2.1.4.3 强化规划权威性

"多规合一"确立后，国土空间规划是唯一的法定空间规划。主体功能区规划、土地利用总体规划、城镇体系规划、城市（镇）总体规划、海洋功能区划等不再新编和报批。国土空间规划自上而下分级编制，对空间发展做出战略性、系统性安排。全国国土空间规划纲要由党中央、国务院审定，省级、国务院指定城市总体规划由国务院审批，其他市、县、乡镇的国土空间总体规划一般由上级政府审批，下级规划要服从上级规划，自上而下体现国家意志，详细规划要服从总体规划，相关专项规划要服从总体规划，不得违反国土空间规划进行各类开发建设活动。规划一经批复，任何部门和个人不得随意修改、违规变更。

2.1.4.4　加强规划协调性

首先，国土空间规划对各专项规划起到指导约束的作用，如国家发展规划和国土空间规划、专项规划、区域规划都是国家规划体系的组成部分，国土空间规划与发展规划都服务于国家战略的落实，各有侧重、互为补充。其次，国土空间规划统筹和综合平衡各相关专项领域的空间需求，相关专项规划在编制和审查过程中要通过与国土空间规划的衔接及"一张图"核对来加强协调互通，并在批复后纳入同级国土空间基础信息平台，叠加到国土空间规划"一张图"上。

2.1.4.5　注重规划操作性

为适应我国国情和新时代发展要求，按照谁组织编制、谁负责实施的要求，国土空间规划进一步明确了各级规划编制管理要点及约束性、指导性内容，强调因地制宜，符合各地具体情况。并且明确了分解落实要求，建立了传导机制，进一步推动了"放管服"改革。

2.2　详细规划在国土空间规划体系中的地位与作用

2.2.1　详细规划在国土空间规划体系中的地位

2.2.1.1　国土空间规划体系下的详细规划

2023年,《自然资源部关于加强国土空间详细规划工作的通知》强调了国土空间详细规划的法定作用。国土空间详细规划在"五级三类四体系"中,被赋予承担全域全要素国土空间用途管制、实现国土空间规划"一张图"精细化管理、提高空间环境品质、服务政府现代化治理的新使命。国土空间规划体系强调"纵向到底、横向到边""一张蓝图绘到底",国土空间详细规划作为落实规划意图的"最后一公里",需要起到平衡好"自上而下"的规划意图与"自下而上"的实施诉求的作用。

因此,详细规划是建立国土空间规划运行体系和规划管理的核心环节。一方面,在地位上,详细规划作为规划体系运行的基础载体,将决定规划改革的最终成效,不仅技术层面要加强与总体规划的有效衔接和反馈,而且其运行也需要纳入实施监督过程;另一方面,在作用上,详细规划是落实空间治理改革目标和增强空间治理能力的具体手段,通过详细规划实施不断优化空间资源配置和空间使用,实现城市高质量发展和人民高品质生活。

2.2.1.2　详细规划的定位与关键作用

法定规划和实施性政策工具的双向定位。作为国土空间用途管制和实施开发管控的依据,《自然资源部关于加强国土空间详细规划工作的通知》明确指出国土空间规划体系下的详细规划同时兼具法定规划和实施性政策工具这两种定位,如何认识两者关系是认识详细规划编制和运行模式的核心问题。详细规划既是法定规划,又是实施性政策工具,在实施执行过程中,需要将详细规划的作用与规划运行过程结合起来,通过建立一套运行规则,在详细规划动态实施运行中协调战略与实施、静态与动态、发展与管控的矛盾。

空间嵌套和传导反馈的关键作用。详细规划作为规划体系主干构架的关键层次,上承总体规划的目标指标任务,下接项目实施的管控条件,尤其是能够在不同尺度空间嵌套结构中,以"法定规划"的身份,不断向下传导上位规划的任务要求,也不断向上反馈规划实施的情况和问题,使目标导向和问题导向得到强化和融合,其工作深度也正好成为规划建设许可管理的基本依据。因此,《自然资源部关于加强国土空间详细规划工作的通知》强调要发挥好详细规划在体系中承上启下的支撑性作用,通过分层分解,连续博弈,优化要素配置、调整利益结构、改善基础民生,实现"技术性规划"向"综合性规划"转变,将"反复修改规划"进阶成为"不断推进规划",确保"一张蓝图绘到底"。

2.2.2 国土空间规划探索阶段的详细规划转型导向

由于传统以"建设行为管控"为目标的详细规划编管体系与以"空间治理"为核心的规划改革思路不适应,在国土空间规划阶段,详细规划编管体系如何转变优化亟待探究。

2.2.2.1 传导逻辑转变

传统控制性详细规划在实施过程中暴露出两大问题：一是与总体规划衔接不畅，以往控规以单独的单元、按需划定的片区或地块等为范围展开编制，缺乏全市或分区层面的总体统筹，导致其难以传导落实总体规划的规模控制，易突破总体规划明确的规模上限；二是与详细规划实施脱节，以往控规对市场预判不足，导致规划频繁修改，各类公益性设施落地困难，易突破城市总体规划底线。

国土空间规划整合了城乡规划、土地利用规划、主体功能区规划等规划的技术内容体系，相应各级各类规划的传导、管控机制也将有所融合。城乡规划侧重于建设空间的"蓝图式"传导，以空间要素的位置、边界、性质为主要的传导和管控对象；土地利用规划侧重于非建设空间的"指标式"传导，以耕地和永久基本农田保有量、建设用地规模及其边界等为主；主体功能区规划侧重于以区县为综合单元，明确其主体功能区属性与对应的政策、各类名录。过去各类规划的传导内容及其传导方式都将在国土空间规划中延续。

在此基础上，适应传导逻辑的变化，围绕"一张蓝图绘到底"目标，构建与空间治理事权匹配的规划纵向传导体系十分必要。从空间层面上来看，传导的关键在于打通总体规划向下传导的路径，合理分解总量控制指标，破解总体规划与详细规划空间尺度差异大、传导路径不畅的问题。北京、广州等城市通过增设中间传导层级来搭建分层细化的规划传导体系。北京在"市域总体规划—分区规划—详细规划"的传导体系下，增设覆盖分区范围的街区指引，把分区规划的目标指标、刚性约束指标分解至详细规划编制范围(街区)，为详细规划落实总体规划与分区规划的管控要求提供保障。广州在区级总体规划之下编制组团指引，将区级总体规划控制要求分解至组团，单元详细规划则以组团指引为依据开展编制。

2.2.2.2 管控要求改变

详细规划管控要求从"重城轻乡"转向"全域全要素"。在生态文明建设背景下，详细规划管控范围发生了改变。以往控规的规划范围为"规划区"内的城镇建设空间，不涉及"规划区"外农业、生态空间的管控，导致详细规划长期以来侧重建设发展，忽视生态空间保护，城市建设用地无序扩张。在生态文明时代，国土空间规划核心价值观发生转变，保护与发展相统一的可持续发展理念深入人心，详细规划也须从以开发为导向转向开发与保护并重。《中共中央 国务院关于建立国土空间规划体系并监督实施的若干意见》明确指出"不在国土空间规划体系之外另设其他空间规划"，因此详细规划需要统筹以往城镇控规、村庄规划、风景名胜区规划等一系列详细规划层次的规划，实现详细规划的全域全覆盖，承接以往控规对城镇空间的用途管制功能，整合详细规划层次各规划对农业空间与生态空间开发保护活动的管控功能，指导全域全要素自然资源管理。

这意味着详细规划不仅需要覆盖全域，还需将全域空间范围内的各要素纳入详细规划，形成能够有效管控各地区的科学指引，实现生态本底的整体保护、自然资源的可持续利用。如厦门将详细规划管控空间划分为城镇、乡村、海域3类单元，城镇单元对功能配套、开发强度等进行精细化管控，乡村单元聚焦空间资源管控，指导村庄建设、土地整治、乡村振兴、环境提升等行动类规划编制。

2.2.2.3 管理效能改变

详细规划的高效编制和审批是详细规划发挥管控与引领作用的保障。以往控规重技术理性，较少考虑与管理实施的衔接：一是因为部门间事权边界不清晰，管理边界交叉重叠；二是因为部分控规编制范围未与管理边界衔接，在控规管理过程中需要协调多个管控主体；三是因为不同管理层级对同一空间的管理深度模糊。编制与管理衔接不紧密往往导致规划审批流程复杂、审批周期长、规划时效性差，大大削弱了规划的建设引领作用。在"放管服"深入推进的背景下，国土空间规划管理向精细化、高效化转变。《中共中央 国务院关于建立国土空间规划体系并监督实施的若干意见》强调"多规合一""一级政府，一级事权"。国土空间详细规划需要从注重技术理性转变为注重编管结合，厘清各部门、各级政府的空间管理权责边界，做到合理的放权、分权，优化详细规划审批程序，精简审批内容，提高审批质效。

通过详细规划的"编—审—施—评"的全流程闭环管理机制，"一张图"平台促进全流程管理，明晰编制与管理各阶段的工作流程、审查要点、管理要求，确保规划的规范性。如深圳结合各类信息化手段，探索了"总—详"传导实施监控、法定图则在线编制入库与管理、全域实施评估与监督等功能。

2.2.3 新阶段详细规划的主要任务

2.2.3.1 落实加强国土空间详细规划工作相关要求

坚持目标和问题导向，强调发挥详细规划关键作用。要发挥好详细规划在体系中承上启下的支撑性作用，通过分层分解，连续博弈，优化要素配置、调整利益结构、改善基础民生，实现"技术性规划"向"综合性规划"转变，将"反复修改规划"进阶成为"不断推进规划"，确保"一张蓝图绘到底"。

强化类型和情景引导，推进详细规划分区分类的差异编管。基于城市作为有机生命体的理念共识，体现详细规划应尊重城市发展规律的基本要求，在服务转型发展要求下完善、细化规划体系和内容，因地制宜对城市空间布局和规模结构进行差异性安排。包括城镇开发边界内外"分区域"全面覆盖过程中的差异性；针对增量空间、存量空间、生态空间、重点功能地区等不同区域"分类型"精细引导过程中的差异性；对单元（街区）层面、实施（地块）层面"分层级"传导深化过程中的差异性；保障社会经济发展重点领域"分阶段"统筹过程中的差异性等。

立足资源和资产关系，突出详细规划的权益协调作用。"多规合一"改革更加强调统筹协调的作用，更加强调严守底线红线、全局保障城市发展大盘的作用，也更加强调空间规划在配置城乡公共品中的基础性作用。立足资源资产关系，就是要在深入推动"多规合一"改革的基础上，进一步推动空间规划与发展规划的有效协同，立足资源和权益关系，转变规划角色定位，以空间单元为载体，不断把多主体的诉求以规划为平台互动响应，在共同决策中形成共同行动。在横向上推动资源和任务统筹；在纵向上做到历史账与新需求并表，保证城乡建设与城市更新不甩项、不走样、无损传递、过程可控，切实提高详细规划的针对性和可实施性，使规划真正做到"能用、管用、好用"。

聚焦需求和发展动能，明确详细规划增存并举的统筹施策。城市发展方式由外延式扩张向内涵提升式的转变，对详细规划工作的多元化和精细化提出了新的要求。面向存量更新街区，应强化自下而上的组织策划，与基层治理紧密结合，探索"清单式""菜单式"工作模式，按照"规划加策划、策划转行动、行动推项目"的城市更新实施框架，集成政策工具，将一次性工作变为长期动态跟踪推进；面向增量街区，则应坚持自上而下有效传导，强化成本核算、情景模拟和路径推演，有序匹配空间资源投放和实施安排，实现详细规划的"深编、精批、细管"，适应城市多元化的治理需求。

面向实施和运行管理，强调规划编制管理的技术支撑。转型发展时期，要同步转换规划发展思路，做好各类资源要素和详细规划内部各专业要素的协调，统筹规划编制、审批、实施、监督、评估等各环节，促进详细规划与专项规划的深度融合、一体输出，完善详细规划的闭环管理。《自然资源部关于加强国土空间详细规划工作的通知》从推进规划编制和实施管理的数字化转型角度，提出要依托国土空间规划"一张图"系统，实施详细规划全流程的数字化管理，从更深层次理解，还要加强详细规划监督运行平台建设，借此对规划的批后实施做好动态跟踪和预警监测，不断提高详细规划的动态适应能力，保障详细规划的全生命周期管理。

2.2.3.2　推动详细规划的技术体系革新

探索控规评估：延续法定效力，促进详细规划向上反馈与有序优化。在尊重已批控规法定地位的基础上，以"识别问题、新旧衔接"为核心开展清单式控规评估，将控规评估作为尊重法定规划效力的一次专项梳理和在国土空间规划过渡期支撑总体规划编制的基础工作。从符合性、支撑性、适应性、实施性等角度，对现行控规在与国土空间总体规划的衔接、近中远期重大项目布局、可行性等方面存在的问题进行识别、梳理和归纳。

探索分层编制：强化规划传导、时空统筹配置空间资源与权益。以单元划分支撑"刚弹结合、统筹实施"的分层编制体系。落实"15分钟社区生活圈"理念，明确单元划分规则，按照"规模均好、编管一体、尊重权属、易于识别"等原则划分城镇详细规划单元，以更好地区分城镇详细规划的规划和规则两种不同属性。

探索分类引导：强调因地制宜、单元差异引导与地块精细管控。通过对城镇详细规划单元"贴标签"，如一般地区、重点开发、城市更新、历史保护、战略留白等，以增减编制内容的方式对城镇详细规划编制内容进行分类引导，以适应空间需求的多样化与空间管控的差异化。针对不同类型地块，通过管控指标的差异化设置，强化地块动态适应能力。

探索精细管控：融合土地整备，理顺公私权益，保障精细治理。将城镇详细规划与土地整备、城市更新等实操性技术工具融合，为存量时代发展权的统筹配置提供支撑。在城镇详细规划中增加土地整备研究，综合运用"土地、规划、政策"工具包，强化政府统筹作用，实现土地整治、连片整备、权益均衡。

探索数据治理：实现统一管理，提升成果质量，促进部门协同。为保障对规划编制管理的全流程动态管控，制定城镇详细规划成果数据标准和汇交清单，建立以"过程管理、动态维护"为核心的系统性数据平台。适应"分层、分类"的规划成果体系，将详细规划数据成果动态纳入"一张图"实施监督信息系统，以行政许可信息、土地信息、各类规划信息为基础，实现大数据分析、规划动态更新和实施跟踪等功能，以更好地支撑各级规划的实施管理工作。

2.2.3.3 推动详细规划从"管理"走向"治理"

从"管理"走向"治理"。所谓管理，强调的是规章制度、技术标准的自上而下的执行，突出强制性的管控作用。所谓治理，强调的是规章制度的融合，统筹协调，打破固有的条条框框，共享共治，增加自下而上的协商机制，达到上下统一，突出过程管控的灵活性。全域空间的城乡活动是复杂的精神活动与物质活动的集合，包括人工建设活动和自然进化运动，在人类命运共同体的大背景下，以生物多样性为原则，对人工建设活动进行约束，对自然进化运动进行保护，是空间规划的使命。控规作为空间规划的"操盘手"，应该统筹各精神与物质要素，以治理的方法尊重客观事物的发展规律，不负使命。

编制"能用、管用、好用"的规划。从详细规划来看，"能用"是要面向国土空间规划体系的改革目标，符合国情和地方实际，适应新时期国家空间治理体系和治理能力现代化的要求。"管用"是要面向规划实施，推进编管结合，编制能够落地实施的规划，管要管得住、需要管的要管好、不应管的要留出弹性，并建立起与总体规划、专项规划及行动规划有效衔接、整体运作的动态运行机制。"好用"是要面向规划管理，处理好编与用的关系，切实发挥详细规划作为法定规划和实施性政策工具的作用，提高效率，降低管理成本。详细规划不仅是城乡建设规划许可的法定依据，也是促进城乡治理和高质量发展的空间政策，应充分发挥其公共政策属性。通过"编管结合"，高效支撑规划实施和项目管理。通过对规划单元内精准而有效的公众参与，积极回应人民期盼，满足群众对美好生活的向往。

以"数字化"驱动治理转型。在存量时代，详细规划由蓝图式、愿景式规划向空间治理导向的综合型规划转型的过程中，必须依靠数字化技术转型。其改革必须融入整个国土空间规划体系，也应将强化国土空间的治理能力作为主要目标导向，以数字化转型为驱动力，构建新型国土空间治理的手段与方法，提高详细规划的空间治理水平。如厦门运用数字化手段，不断强化与规划审查、实施评估、管理监督的衔接与协同，强化国土空间基础信息平台和国土空间规划"一张图"系统的应用支撑，统筹国土空间详细规划编制、审查、管理和实施监督全流程，推进治理型的国土空间详细规划编制。

2.3 详细规划与空间治理单元

2.3.1 空间治理体系与治理单元

2.3.1.1 空间治理体系

国内学界在21世纪初引入了"空间治理"的概念。为进一步优化中国空间治理和空间结构，提升经济社会发展质量，"十三五"规划第一次在政策文件中提出空间治理和建立空间治理体系的要求。党的十八届三中全会审议通过了《中共中央关于全面深化改革若干重大问题的决定》，确立全面深化改革的总目标是完善和发展中国特色社会主义制度，推进国家治理体系和治理能力现代化，这进一步赋予了传统治理理念更深的内涵与更高的要求。十八届五中全会首次明确了建立由空间规划、用途管制、差异化绩效考核等构成的空间治理体系。2019年，《中共中央 国务院关于建立国土空间规划体系并监督实施的若干意见》正式明确了国土空间规划是实现治理现代化的重要工具。

空间治理的概念也越来越多地用于国土空间规划体系之中。狭义的空间治理体系主要指国土空间治理体系，原则是"立法为本、规划先行"。广义的空间治理体系与扩展的空间治理内涵紧密相关，其以国土空间规划为基础，包括政治、社会、文化多领域的空间治理，呈现为互相衔接、分级管理的整体性治理结构。

空间治理是国家现代化治理体系的一部分，核心目标是保障国家重大战略的有效落实，协调统筹各类空间治理的主体，并且利用空间技术促进要素更高效地配置。国土空间规划作为落实空间治理的核心工具，通过行政区划来为基本单元进行逐层落实。空间治理不是自上而下的、由规划部门独立进行的对空间要素的管理，需要建立传导与反馈互动的机制，需要从社会治理、行政机制构建的角度出发，建立多要素联络与多主体协商的机制。

2.3.1.2 空间治理单元

空间单元描述的对象是物理空间，与狭义的空间治理相联系。治理单元关注的是在制度和体制已定的背景下，如何通过选择治理单元提升治理绩效。最先使用治理单元概念的是基层治理领域，在农村中，村民小组和自然村是基本治理单元；在城市中，社区是社会治理的基本单元。空间治理单元的概念不仅具有尺度概念重构空间的优势，而且可以对具有不同性质的治理单元进行解释。

治理单元可以区分为实体性治理单元和虚体性治理单元两类。实体性治理单元主要包括各级行政区、城乡社区，构建了行使政治权力和行政管理权力的空间格局和层级体系，也是经济治理和空间治理的依据。许多生态环保、基础设施建设、社会治理等事项是跨行政区边界或跨行政层级的，需要借助虚体性治理单元，如自然保护区、经济区或功能区等。

2.3.2　空间治理单元下的详细规划单元

2.3.2.1　详细规划单元的内涵

详细规划单元是空间治理的一种实体性单元，是国土空间规划体系的重要基础工具，既是国土空间规划的基础空间单元，也是规划编制的技术单元、规划传导的管控单元，还是与社会管理信息衔接的空间信息载体。以建立国土空间规划体系为契机，划分标准单元，是提升规划传导实施能力和推动城市治理能力现代化的重要举措。

如同细胞是生物体的基本结构和功能单元，标准单元是组成城市这个复杂有机体的基础功能细胞。居住生活、综合服务、商业商务、工业物流、休闲绿地等不同类别的标准单元，就是一个个主导功能明确、配套设施完善、业态复合多元的功能细胞，分别承担生产、生活、公共服务、休闲游憩、交通等职能，共同组成、支撑、运行城市这个生命有机体。标准单元与"15分钟生活圈""10分钟就业圈"相衔接，以自然地理实体、主次干道和行政管辖范围为边界，按照主导功能明确、建设规模适宜、生活圈设施完善、利于传导管控的原则划定标准单元，覆盖全域空间范围。

随着国家行政体制改革不断深入，对事权主体的责任要求将进一步明晰，行政辖区（实施单元）与责任主体捆绑在一起，已在根基上影响着详细规划的编制方法。基于此，在条件许可的地区，详细规划编制应尽可能深化，推动详细规划单元与地块层面的编制内容的对接，进一步提炼街区层面的管控要求，以便明确基本需求及实施主体的责任。

2.3.2.2　详细规划单元的确定

《自然资源部关于加强国土空间详细规划工作的通知》对于划定详细规划编制单元的方法并未提供具体细则，要求各地根据新城建设、城市更新、乡村建设、自然和历史文化资源保护利用的需求和产城融合、城乡融合、区域一体、绿色发展等要求，因地制宜划分不同单元类型。

一般而言，详细规划编制单元划定应统筹考虑行政管理界线、主干路网与自然地理界线、权属边界、现行详细规划编制范围、国土空间总体规划分区、特定管控区域范围等因素，综合确定单元边界。

单元规模确定需从管理效能出发，结合行政事权统筹生产、生活、生态和安全功能需求，综合考虑城镇、乡村、生态空间的不同特征，因地制宜确定单元的适宜规模。对于中心城区详细规划编制单元划分，在尊重街道行政管理边界的基础上,统筹考虑社区治理、基本公共服务设施均衡配置、社区生活圈构建等需求,划分详细规划编制单元。对于全域详细规划编制单元划分,在行政村边界的基础上,结合村庄类型、自然风貌、乡土风俗、经济水平、设施配套以及群众需求等因素,可以一个村作为一个单元,也可若干村划为一个单元。

如广州提出"单元—地块"详细规划分层体系,以健全规划实施传导机制。其中,单元详细规划是承接国土空间总体规划要求、开展地块详细规划编制管理的依据。其单元是结合15分钟社区生活圈规模而形成的用地面积为2~4平方千米、人口规模为3万~10万人的空间范围。单元详细规划以区级国土空间总体规划确定的组团为编制范围,将组团指引作为编制依据。作为总体规划目标性要求与详细规划指标性管控的转译桥梁,单元详细规划为地块详细规划编制管理提供了可操作、可检验、可校核的指引要求,有效破解了以往总体规划尺度差异大、传导路径不畅等问题。结合现行控规评估结果,广州以单元为单位有序推进详细规划合理优化。在单元层面制定问题清单,区分总体规划与控规矛盾冲突的紧急程度,实行差异化处理方式。涉及总体规划核心要素的,优先纳入近期详细规划编制计划,先行启动详细规划优化调整工作。

2.3.3 详细规划的单元传导

2.3.3.1 详细规划的单元层级

《自然资源部关于加强国土空间详细规划工作的通知》提出,国土空间详细规划编制应探索不同单元类型、不同层级深度详细规划的编制和管控方法。在此要求之下，全国各地陆续出台省级、市级详细规划编制的技术指南，从共性内容来看，分"单元—街坊（地块）"两个层级编制是强化详细规划管理弹性的主要技术方法。

单元层面应根据总体规划要求以及单元承载能力，合理确定单元服务人口规模、建设用地规模和经营性用地的建筑总面积。该技术要求是单元详细规划发挥管控作用的技术核心，指标内容较少，在规划编制中存在技术难度。

单元层面的详细规划的规划范围相对较广，不仅是对总体规划的全面传导落实，通过具体、详尽的规划措施，确保总体规划的战略目标、底线管控、功能布局、空间结构、资源利用等方面的要求得以有效实施，而且承载着统筹衔接各类专项规划、加强规划实施过程中统筹引导和系统协同的重要功能。

从规划内容和重点来看，单元层面的详细规划更注重整体性和系统性，它关注单元内的土地利用效率、交通流畅性、公共设施布局等宏观层面的问题。通过合理的规划布局和资源配置，促进城市整体的可持续发展。

2.3.3.2 详细规划的单元传导机制创新

针对总体规划与详细规划"距离"过远的问题，可借鉴上海、武汉、佛山等地的经验，合理设置中间层级，分解总体规划确定的发展保护目标，统筹单元内部的平衡发展。

首先，考虑城镇开发边界内外的差异性，制定单元划定技术路线。城镇开发边界内部单元的确定应综合考虑行政区划、功能分区、服务范围、特殊要素管控要求及线性要素，以实现高效管理、社区生活圈统筹建设、空间建设协调性等，对总体规划制定的目标进行分解和落实；考虑到城镇开发边界外部注重保护和修复工作，建设空间受到较大限制，详细规划单元的确定在考虑行政区划、功能分区的基础上，应重点关注保护和修复工作的整体性、保护空间的突出问题等因素。其次，明确单元的功能定位。单元应将总体规划明确的城镇发展格局、空间保护格局、未来的工作重点等内容分解落实到更小的空间范围内，同时还应当充分考虑单元范围内的发展建设现状和突出问题，针对性地提出策略建议和行动计划。

如上海市将原有的"总体规划—分区规划—单元规划—整单元控制性详细规划"四级规划层次简化为"总体规划—单元规划—局部控制性详细规划"三级规划层次，深化单元规划的内涵要义，分单元明确和落实底线要求，完善公益性设施建设。深圳市以标准单元为分区规划和详细规划的共同传导单元，向上承接分区规划和专项规划的要求，向下指导详细规划及城市更新。佛山市构建了"两级、三类、四层"的规划传导体系，形成了从"结构"到"分区"，再到"单元""地块"逐级细化的传导路径，在单元层面落实强制性和指导性内容。这些城市的探索均响应了当前国土空间规划体系传导和统筹的新要求，各城市的做法殊途同归，具有较强的趋同性。

如北京市开展"街区指引"工作，解决从总体规划到详细规划编制与管理的衔接问题。"街区指引"在分区规划的基础上进一步将空间网格细化至街区，以街区作为核定规划任务的基本单元。通过"街区指引"在局部地区详细规划和专项规划编制前率先解决规划传导中空间单元的统一及规划任务的落实问题，形成全局统一认识，降低局部统筹协调成本，促进总体规划目标的落实。在总体规划和详细规划之间搭建纵向管理层级的统筹平台、横向规划衔接的统筹平台和动态过程管控的统筹平台，通过空间网格的统一和规划任务重点的明确，解决总体规划、详细规划、专项规划传导过程中存在的衔接问题。"街区指引"工作聚焦于全市中心城区、多点及生态涵养区的新城和特定单元地区，将分区规划确定的人口规模、用地规模、建筑规模和公益性设施要求分解落实至街区层面，成果内容随法定规划的审批不断稳定，并随现状数据的更新保持时效性。北京市"街区指引"传导示意如图2-2所示。

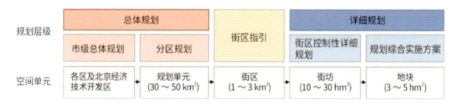

图2-2　北京市"街区指引"传导示意

国家及各省在国土空间详细规划方面的制度要求

3.1 国家层面国土空间详细规划方面的政策文件

3.1.1 国家法律

《中华人民共和国城乡规划法》(2019年修正)。

第十九条：城市人民政府城乡规划主管部门根据城市总体规划的要求，组织编制城市的控制性详细规划，经本级人民政府批准后，报本级人民代表大会常务委员会和上一级人民政府备案。

第二十条：镇人民政府根据镇总体规划的要求，组织编制镇的控制性详细规划，报上一级人民政府审批。县人民政府所在地镇的控制性详细规划，由县人民政府城乡规划主管部门根据镇总体规划的要求组织编制，经县人民政府批准后，报本级人民代表大会常务委员会和上一级人民政府备案。

第二十一条：城市、县人民政府城乡规划主管部门和镇人民政府可以组织编制重要地块的修建性详细规划。修建性详细规划应当符合控制性详细规划。

3.1.2 中办、国办指导意见

(1)《中共中央 国务院关于进一步加强城市规划建设管理工作的若干意见》(2016年2月6日)。

经依法批准的城市规划,是城市建设和管理的依据,必须严格执行。进一步强化规划的强制性,凡是违反规划的行为都要严肃追究责任。

控制性详细规划是规划实施的基础,未编制控制性详细规划的区域,不得进行建设。控制性详细规划的编制、实施以及对违规建设的处理结果,都要向社会公开。

(2)《中共中央 国务院关于建立国土空间规划体系并监督实施的若干意见》(2019年5月23日)。

分级分类建立国土空间规划。国土空间规划是对一定区域国土空间开发保护在空间和时间上作出的安排,包括总体规划、详细规划和相关专项规划。国家、省、市县编制国土空间总体规划,各地结合实际编制乡镇国土空间规划。相关专项规划是指在特定区域(流域)、特定领域,为体现特定功能,对空间开发保护利用作出的专门安排,是涉及空间利用的专项规划。国土空间总体规划是详细规划的依据、相关专项规划的基础;相关专项规划要相互协同,并与详细规划做好衔接。

在市县及以下编制详细规划。详细规划是对具体地块用途和开发建设强度等作出的实施性安排,是开展国土空间开发保护活动、实施国土空间用途管制、核发城乡建设项目规划许可、进行各项建设等的法定依据。在城镇开发边界内的详细规划,由市县自然资源主管部门组织编制,报同级政府审批;在城镇开发边界外的乡村地区,以一个或几个行政村为单元,由乡镇政府组织编制"多规合一"的实用性村庄规划,作为详细规划,报上一级政府审批。

加强协调性。详细规划要依据批准的国土空间总体规划进行编制和修改。相关专项规划要遵循国土空间总体规划，不得违背总体规划强制性内容，其主要内容要纳入详细规划。

3.1.3 相关部委政策文件

(1)《城市、镇控制性详细规划编制审批办法》（2010年12月1日）。

控制性详细规划是城乡规划主管部门作出规划行政许可、实施规划管理的依据。国有土地使用权的划拨、出让应当符合控制性详细规划。

城市、县人民政府城乡规划主管部门组织编制城市、县人民政府所在地镇的控制性详细规划；其他镇的控制性详细规划由镇人民政府组织编制。

编制控制性详细规划，应当综合考虑当地资源条件、环境状况、历史文化遗产、公共安全以及土地权属等因素，满足城市地下空间利用的需要，妥善处理近期与长远、局部与整体、发展与保护的关系。

控制性详细规划应当包括下列基本内容：①土地使用性质及其兼容性等用地功能控制要求；②容积率、建筑高度、建筑密度、绿地率等用地指标；③基础设施、公共服务设施、公共安全设施的用地规模、范围及具体控制要求，地下管线控制要求；④基础设施用地的控制界线（黄线）、各类绿地范围的控制线（绿线）、历史文化街区和历史建筑的保护范围界线（紫线）、地表水体保护和控制的地域界线（蓝线）等"四线"及控制要求。

编制大城市和特大城市的控制性详细规划，可以根据本地实际情况，结合城市空间布局、规划管理要求，以及社区边界、城乡建设要求等，将建设地区划分为若干规划控制单元，组织编制单元规划。镇控制性详细规划可以根据实际情况，适当调整或者减少控制要求和指标。规模较小的建制镇的控制性详细规划，可以与镇总体规划编制相结合，提出规划控制要求和指标。

中心区、旧城改造地区、近期建设地区，以及拟进行土地储备或者土地出让的地区，应当优先编制控制性详细规划。

控制性详细规划编制成果由文本、图表、说明书以及各种必要的技术研究资料构成。文本和图表的内容应当一致，并作为规划管理的法定依据。

(2)《自然资源部关于加强国土空间详细规划工作的通知》(2023年3月23日)。

积极发挥详细规划法定作用。详细规划是实施国土空间用途管制和核发建设用地规划许可证、建设工程规划许可证、乡村建设规划许可证等城乡建设项目规划许可以及实施城乡开发建设、整治更新、保护修复活动的法定依据，是优化城乡空间结构、完善功能配置、激发发展活力的实施性政策工具。详细规划包括城镇开发边界内详细规划、城镇开发边界外村庄规划及风景名胜区详细规划等类型。各地在"三区三线"划定后，应全面开展详细规划的编制，并结合实际依法在既有规划类型未覆盖地区探索其他类型详细规划。

分区分类推进详细规划编制。要按照城市是一个有机生命体的理念，结合行政事权统筹生产、生活、生态和安全功能需求划定详细规划编制单元,将上位总体规划战略目标、底线管控、功能布局、空间结构、资源利用等方面的要求分解落实到各规划单元,加强单元之间的系统协同,作为深化实施层面详细规划的基础。各地可根据新城建设、城市更新、乡村建设、自然和历史文化资源保护利用的需求和产城融合、城乡融合、区域一体、绿色发展等要求,因地制宜划分不同单元类型,探索不同单元类型、不同层级深度详细规划的编制和管控方法。

提高详细规划的针对性和可实施性。要以国土调查、地籍调查、不动产登记等法定数据为基础,加强人口、经济社会、历史文化、自然地理和生态、景观资源等方面调查,按照《国土空间规划城市体检评估规程》,深化规划单元及社区层面的体检评估,通过综合分析资源资产条件和经济社会关系,准确把握地区优势特点,找准空间治理问题短板,明确功能完善和空间优化的方向,切实提高详细规划的针对性和可实施性。

城镇开发边界内存量空间要推动内涵式、集约型、绿色化发展。围绕建设"人民城市"要求,按照《社区生活圈规划技术指南》,以常住人口为基础,针对后疫情时代实际服务人口的全面发展需求,因地制宜优化功能布局,逐步形成多中心、组团式、网络化的空间结构,提高城市服务功能的均衡性、可达性和便利性。要补齐就近就业和教育、健康、养老等公共服务设施短板,完善慢行系统和社区公共休闲空间布局,提升生态、安全和数字化等新型基础设施配置水平。要融合低效用地盘活等土地政策,统筹地上地下,鼓励开发利用地下空间、土地混合开发和空间复合利用,有序引导单一功能产业园区向产城融合的产业社区转变,提升存量土地节约集约利用水平和空间整体价值。要强化对历史文化资源、地域景观资源的保护和合理利用,在详细规划中合理确定各规划单元范围内存量空间保留、改造、拆除范围，防止"大拆大建"。

城镇开发边界内增量空间要强化单元统筹，防止粗放扩张。要根据人口和城乡高质量发展的实际需要，以规划单元统筹增量空间功能布局、整体优化空间结构，促进产城融合、城乡融合和区域一体协调发展，避免增量空间无序、低效。要严格控制增量空间的开发，确需占用耕地的，应按照"以补定占"原则同步编制补充耕地规划方案，明确补充耕地位置和规模。总体规划确定的战略留白用地，一般不编制详细规划，但要加强开发保护的管控。

强化详细规划编制管理的技术支撑。重点地区编制详细规划，自然资源部门应按照《国土空间规划城市设计指南》要求开展城市设计，城市设计方案经比选后，按法定程序将有关建议统筹纳入详细规划管控引导要求。适应新产业、新业态和新生活方式的需要，鼓励地方按照"多规合一"、节约集约和安全韧性的原则，结合城市更新和新城建设的实际，因地制宜制定或修订基础设施、公共服务设施和日照、间距等地方性规划标准，体现地域文化、地方特点和优势，防止"千城一面"。要加快推进规划编制和实施管理的数字化转型，依托国土空间基础信息平台和国土空间规划"一张图"系统，按照统一的规划技术标准和数据标准，有序实施详细规划编制、审批、实施、监督全程在线数字化管理，提高工作质量和效能。

加强详细规划组织实施。市县自然资源部门是详细规划的主管部门，省级自然资源部门要加强指导。应当委托具有城乡规划编制资质的单位编制详细规划，并探索建立详细规划成果由注册城乡规划师签字的执业规范。要健全公众参与制度，在详细规划编制中做好公示公开，主动接受社会监督。

(3)《自然资源部关于深化规划用地"多审合一、多证合一"改革的通知》(2023年5月4日)。

及时开展详细规划编制或修编。各地自然资源主管部门应根据总体规划，在"三区三线"划定基础上，结合实际加快推进城镇国土空间详细规划和村庄规划的编制（修编）和审批，为开发建设、开展城市更新行动、乡村建设行动，以及实施建设用地规划许可、建设工程规划许可、乡村建设规划许可等提供法定依据。对有成片开发要求及全域土地综合整治试点、集体经营性建设用地入市试点需求的地区，应优先完成详细规划编制工作。

3.2 省级层面国土空间详细规划方面的政策文件

3.2.1 直辖市

(1) 北京市。

《北京市控制性详细规划编制审批管理办法》(2011年10月10日)。

编制控制性详细规划，应当深化落实北京城市总体规划，实行分区管理、总量控制，保障人口、资源和环境的平衡，引导经济社会发展的健康需求；应当与国民经济和社会发展规划、土地利用规划相互衔接，协调一致，考虑相关专项规划的要求；应当维护公共利益，保障城乡基础设施、公共服务设施、公共安全设施的落实；应当尊重物权，公平、公正保护相关利害关系人的权益。

编制控制性详细规划是动态规划的过程，要适应经济社会发展、社会民主化和法治化进程的需要；要不断主动完善和深化控制性详细规划，制订和细化各类标准；要协调好长远和近期、整体和局部利益，提高规划的科学性和可实施性。组织编制机关可以根据实际情况需要，视不同的地域空间、不同的时间段落，编制不同深度、不同强制性内容的控制性详细规划。

市规划行政主管部门应当制定控制性详细规划编制工作计划，分期、分批地编制控制性详细规划，近期建设地区、拟进行土地储备或土地出让的地区，应当优先编制控制性详细规划。

为更好地落实北京城市总体规划要求，在编制较大地域范围的控制性详细规划过程中，可以根据实际情况将规划范围划分为若干街区开展规划研究，编制街区规划。

控制性详细规划应当包括如下内容。①控制性详细规划图则：在城乡建设区，合理划分地块，规定其使用性质、建设强度（容积率）、特定地区建筑控制高度等指标，具体落实城乡基础设施、公共服务设施、公共安全设施，明确限制建设条件，提出空间布局及城市设计要求。②控制性详细规划实施管理意见：从控制性详细规划实施策略、时序安排等方面提出规划实施意见，具体规定控制性详细规划如何与规划许可、土地储备及供应等方面的工作衔接等。③控制性详细规划管理技术规定：针对特定的地域空间、时间段落，明确控制性详细规划的编制深度、采用的规划指标体系及相关标准、强制性内容以及适用的特殊规定等。

控制性详细规划编制成果由文本、图表、说明书以及各种必要的技术研究资料构成。文本和图表的内容应当一致。

（2）上海市。

①《上海市控制性详细规划制定办法》（2015年9月11日）。

原则要求。制定控制性详细规划应当综合考虑中长期经济社会发展需要、资源条件、环境状况、人文因素和公共安全，体现保障社会公众利益、提高城市生活质量和环境质量、保护城市基本生态和城市历史风貌的总体要求。

法定地位。经依法批准的控制性详细规划，是规划行政管理部门实施相关规划管理的依据。任何单位和个人都应当遵守经依法批准的控制性详细规划。

编制依据。编制控制性详细规划应当符合经批准的城市总体规划、分区规划、郊区区县总体规划、单元规划和新城、新市镇总体规划，遵守控制性详细规划的管理规范和技术标准。

编制范围。控制性详细规划的编制和修改范围，应当是一个或者数个控制性详细规划编制单元，最小不得小于一个完整街坊。

编制计划。市规划行政管理部门应当制定全市控制性详细规划年度编制计划，并抄送市和区、县相关专业管理部门。区、县规划行政管理部门应当提出年度控制性详细规划编制需求，征求区、县相关专业管理部门意见，经区、县人民政府同意后报市规划行政管理部门，纳入全市控制性详细规划年度编制计划。控制性详细规划年度编制计划应当与本市社会经济发展规划、近期建设规划和土地储备计划等相协调。

基础资料收集。控制性详细规划组织编制机关应当根据编制计划，收集相关基础地理信息、房屋和土地相关信息、相关专项规划等基础资料。市和区、县相关专业管理部门应当按照职责，提供所涉及的专项规划等相关资料。

规划研究。控制性详细规划组织编制机关应当对新编控制性详细规划的地区组织开展规划研究，提出规划编制范围、规划依据、规划参考资料、规划编制目的、需重点解决的问题等内容，并拟定规划设计任务书，明确编制要求、工作计划以及需要编制或者修改相关专项规划的要求。开展控制性详细规划研究，应当听取相关专业管理部门和专家的意见，并且可以根据实际需要听取公众意见。由区、县人民政府组织开展的控制性详细规划研究，应当书面征询市规划行政管理部门意见。经规划研究制定的规划设计任务书，应当抄送相关专业管理部门。

专项规划的协同。规划研究明确需编制或者修改专项规划的，相关专业管理部门应当会同规划行政管理部门同步组织编制或者修改相关专项规划。现行市政基础设施及其配套设施专项规划按照本办法规定的控制性详细规划的要求审批的，可以作为控制性详细规划。除前款规定的情形外，控制性详细规划组织编制机关应当对相关专业管理部门提供的专项规划进行综合平衡后，纳入控制性详细规划。

规划成果。控制性详细规划成果包括普适图则和规划文本。特定区域和普适图则中确定的重点地区还应当根据城市设计或专项研究等成果编制附加图则。编制控制性详细规划文本，应当明确图则所表示的控制要素；对相关指标实行弹性控制的，还应当明确弹性控制指标的执行规则。

②《上海市控制性详细规划技术准则（2016年修订版）》（2016年12月6日）。

基本要求。控制性详细规划的编制应按照国家和本市相关法律、法规和规章的要求，以批准的城市总体规划、郊区总体规划、单元规划等上位规划为依据，应当与风貌保护、交通、市政、防灾等各专项规划相衔接。控制性详细规划的编制应落实上位规划确定的建设用地规模、人口和建筑规模、强度分区、高度分区、公共空间体系、公共服务设施、道路和慢行体系、市政设施等要求，结合公众参与，明确地块的具体控制要求。

编制范围。控制性详细规划编制范围应为上位规划确定的一个或多个完整编制单元。如有特殊要求，应按规定程序，经研究后合理确定控制性详细规划的编制范围。局部调整和增补图则的规划编制范围，应为一个或多个完整街坊。

编制深度。根据总体规划，结合地区发展实际情况，规划集中城市化地区可分为一般地区、重点地区和发展预留区三种编制地区类型，分别适用不同的规划编制深度，且应符合《上海市控制性详细规划成果规范》的要求。重点地区包括公共活动中心区、历史风貌地区、重要滨水区与风景区、交通枢纽地区以及其他对城市空间影响较大的区域。对于规划编制时发展用途不明确的用地，可划定为发展预留区。重点地区、发展预留区以外的地区为一般地区。一般地区提出普适性的规划控制要求，形成普适图则。重点地区除提出普适性的规划控制要求，形成普适图则外，需要通过城市设计或专项研究提出附加的规划控制要求，形成附加图则。发展预留区以街坊为单位提出主导功能、强度分区、高度分区、公共服务设施、交通和市政基础设施等的总体要求。根据发展需要，适时增补普适图则。

控制性详细规划强制性内容。经法定程序批准纳入法定文件的规划控制要求均为规划实施的强制要求，法定文件包括文本和图则。控制性详细规划普适图则应确定各编制地区类型范围，划定用地界线，明确用地面积、用地性质、容积率、混合用地建筑量比例、建筑高度、住宅套数、配套设施、建筑控制线和贴线率、各类控制线等。其中，容积率为上限控制（工业用地可同时控制上下限）、住宅套数为下限控制、建筑高度为上限控制（特殊要求地块可同时控制上下限）。根据普适图则确定的重点地区范围，通过城市设计、专项研究等，形成附加图则，明确特定的规划控制要素和指标。

③《上海市详细规划实施深化管理规定》的通知（2020年11月4日）。

为落实优化营商环境、深化行政审批制度改革要求，鼓励高质量利用土地、保障公益项目、支持产业发展，根据《上海市控制性详细规划制定办法》的相关规定，制定本规定。本规定所称的详细规划实施深化，是指无需修改详细规划的情况下，在建设项目管理阶段，通过专家、专业部门论证等方式，对实行弹性控制的指标予以确定。

（3）天津市。

①《天津市控制性详细规划管理规定（试行）》（2018年8月2日）。

编制层次。市控规分为街区控规和单元控规两个层面。街区控规是承接国土空间总体规划强制性内容的规划，是对单元控规的强制性管控要求。单元控规是具体地块层面确定建设用地范围、规划用地性质、开发强度等规划指标、市政基础设施和公共服务设施的法定规划。

专项规划衔接。相关专业管理部门需编制或修改专项规划的，应相互协同，并与控规做好衔接。在控规批准前，经法定程序批准专项规划的主要内容，由组织编制机关进行综合平衡后，纳入单元控规。

成果要求。控规成果包括文本、图表、说明书以及各种必要的技术研究资料等。文本和图表的内容应当一致，并作为规划管理的法定依据。控规成果应符合市控规相关编制标准和技术审查要求。

②《控制性详细规划技术规程》（2022年2月1日起实施）。

规划编制基本要求。控规应以批准的上位规划为依据，结合街区控规，落实城镇开发边界、用地规模、人口规模、公共空间体系、公共服务设施、道路交通设施、市政基础设施、安全设施、空间管制和"三区"划定、城市"四线"等控制要求。对上位规划和街区控规中确定的主导用地功能，控规不应随意更改，但可进行细化分类。除国土空间总体规划编制过渡期外，上位规划尚未批复的，不应编制控规。过渡期内，涉及主导用地功能等重大内容调整的应编制总体规划论证报告作为控规编制、修编、修改的依据。控规的编制应与公共服务、交通、市政、安全、绿地系统、风貌保护、地下空间、生态环境保护等经依法审批的各相关专项规划衔接。对专项规划的内容应作出综合平衡后进行合理落实。控规的编制、修编、修改应对用地自然条件和现状进行调查分析和评估，保证城市规划对自然环境、历史文脉的保护，保持规划建设的延续性。在控规编制、修编、修改阶段，除必需的道路交通设施、市政基础设施、绿地和公共服务设施外，规划应审慎对待成片改造，确需改造的，应进行相应的论证，理由充分且确有必要的，方可对现状进行改造。控规编制、修编、修改应充分征求相关行业主管部门、街镇、企事业单位、居民等的意见建议，在保证方案科学合理的前提下兼顾各方利益。编制控规之前应编制控规单元划分方案，单元边界应尽量与街镇管辖范围一致。控规编制和修编范围应为一个或多个完整控规单元。特殊情况下，经论证研究后，可在控规单元确定的基础上以街坊为单位确定合理范围，但应保证完整控规单元的用地布局合理、配套设施完善等。控规修改范围可为具体用地，但其论证范围应为一个或多个完整街坊，公共服务设施、公园绿地等应在一个完整控规单元内平衡。控规编制应以上位规划确定的城镇开发边界范围为主体，以控规单元为单位，落实上位规划和街区控规要求，衔接专项规划内容，自上而下合理确定单元主导功能、功能布局、规划人口和开发规模。同时，宜以城区范围汇总各单元控规成果，包括用地布局、道路交通、市政设施系统和规划人口、开发规模等。不同主导功能的单元，规划编制要有所侧重。各类型单元都应注重公共开放空间、历史文化名城名镇保护、地下空间以及道路交通、市政基础设施、环境保护和城市安全的规划内容。现状用地在控规中以现状调查的用地性质、指标等信息为基础进行设定，如与房屋土地主管部门批准使用的信息不符的，以批准文件为准。

规划编制内容。控规深度应满足规划管理使用要求。规划编制采用2000天津城市坐标的1∶2000地形图。道路红线宜达到选线深度，同步编制道路定线。控规编制应包括以下内容：a.结合用地现状、各类控制线等合理确定规划用地范围；b.土地使用性质及其兼容性、用地混合等用地性质控制要求；c.容积率(或建筑面积)、建筑高度、建筑密度、绿地率等用地指标；d.公共服务设施、基础设施、公共安全设施的规模、范围及具体控制要求，轨道交通控制线以轨道交通线网规划为准，规划实施时以轨道交通近期建设规划及批准的实施方案为准，地下管线规划应落实各类场站设施，地下管线按照相应专项规划实施；e.重点地区控规宜结合地下空间规划编制；f.明确控规"四线"控制要求，基础设施用地范围作为黄线、各类绿地范围作为绿线、历史文化街区和历史建筑的保护范围作为紫线、地表水体保护和控制的地域界线作为蓝线。镇区及乡政府所在地控规可根据实际情况，在符合上位规划和国家标准有关强制性内容的基础上，适当调整控制要求。规模较小的镇区及乡政府所在地的控规，可纳入乡镇上位规划，或同步编制。控规编制或整体修编前，应开展街区控规编制研究，分解落实上位规划要求，明确单元划分提出单元规模、功能等的总体要求；在实施阶段应编制控规实施方案，具体细化落实控规管控内容。

（4）重庆市。

①《关于建立重庆市国土空间规划体系做好新时代国土空间规划的意见》（2020年4月30日）。

在城乡国土空间开发保护活动区域编制详细规划。详细规划是对具体地块用途和开发建设强度等作出的实施性安排，是开展国土空间开发保护活动、实施国土空间用途管制、核发城乡建设项目规划许可、进行各项建设活动等的法定依据。详细规划要依据批准的国土空间总体规划进行编制和修改，不得突破生态保护红线、永久基本农田保护红线。主城都市区城镇开发边界内的详细规划，由市或区规划自然资源局组织编制，报同级政府审批；其他区县城镇开发边界内的详细规划，由区县规划自然资源局组织编制，报区县政府审批。在城镇开发边界外的乡村地区，以一个或几个行政村为单元，由乡镇政府组织编制村庄规划作为详细规划，报所在区县政府审批。

健全用途管制制度。以国土空间规划为依据，分区分类研究制定用途管制方式。城镇开发边界内的建设，实行"详细规划＋规划许可"的管制方式；城镇开发边界外的建设，按照主导用途分区，实行"详细规划＋规划许可"和"约束指标＋分区准入"的管制方式。

②《重庆市详细规划编制指南（试行）》（2022年1月28日）。

规划范围。城镇开发边界内的详细规划应以分区规划划定的一个街区为最小规划范围，可多个街区一并编制。街区范围可在详细规划编制阶段结合实际做适当微调，但应做好与相邻街区边界协同。城镇开发边界外特定功能、特定政策区域的详细规划结合实际合理确定规划范围。

编制内容。详细规划编制包括街区和地块两个层面、不同深度的规划内容。街区层面重点落实分区规划中规划单元的管控要求，并增补细化其他需要街区层面管控的内容。地块层面应落实所有规划管控的具体要求。

3.2.2　省、自治区

（1）广东省。

①《广东省城市控制性详细规划管理条例》（2014年修正）。

城市中心区、旧城改造区、近期建设区以及储备土地、拟出让的土地等城市建设重要控制区域，应当优先编制控制性详细规划。

控制性详细规划的编制，应当根据城市总体规划和分区规划要求，综合考虑自然环境、人文因素、公众意愿和经济社会发展需要，体现提高城市环境质量、生活质量和景观艺术水平的总体要求，符合国家和省的有关标准和规范。其主要内容如下：a.规划依据和规划范围；b.建设用地性质，包括不同地块土地使用性质的具体控制要求，土地使用性质的兼容性；c.建设用地使用强度，包括不同地块的开发建设密度、容积率、绿地率等具体控制要求；d.道路交通，包括道路系统的功能分级和交叉口形式，以及公共停车场、公交站场等的规划要求；e.工程管线，包括各类工程管线的走向、位置等控制要求；f.特定地区地段和其他公共配套设施的规划要求。

②《广东省自然资源厅印发关于加强和改进控制性详细规划管理若干指导意见（暂行）的通知》（2021年2月18日）。

分层级明确管控要求。在城镇开发边界范围内结合行政区划、城镇功能等划分用地面积合理、相对稳定的控规单元。控规的编制主要根据城市、县、镇总体规划（国土空间总体规划）的要求，确定单元主导功能、总建筑面积及住宅建筑面积、公共服务配套设施、道路交通等市政基础设施和空间环境等控制要求。各地可结合实际，在控规单元内进一步细分单元、划分地块，编制地块开发细则（地块图则），进一步落实和细化规划指标和管控要求。在满足生活圈设施服务半径要求的基础上，地块的建筑面积、容积率、绿地面积、公共服务配套设施等规划指标可在控规单元内进行综合平衡。

分类型明确编制重点。各地组织编制控规要区分增量地区、存量地区、历史保护地区等不同类型，并提出各类型的编制重点。发展意图暂不清晰的地块，可在控规中作留白处理。控规未覆盖的"三旧"改造区域，参照控规审批程序批准的"三旧"改造单元规划应纳入规划信息平台，作为规划许可的依据。

精简成果。控规成果中的法定文件与管理文件可整合为法定文件，整合后的规划成果由法定文件和技术文件组成。法定文件是规定控规强制性内容的文件和实施规划管理的操作依据，可根据规划许可需要精简内容。技术文件是法定文件的编制基础，为控规实施管理提供技术支撑。

（2）安徽省。

《安徽省自然资源厅关于进一步加强国土空间规划编制工作的通知》（2023年2月26日）。

开展城镇开发边界内详细规划评估。2023年底前，各市、县（市）自然资源和规划局要完成城镇开发边界内原控制性详细规划评估工作，对符合"三区三线"划定成果、市县国土空间总体规划及自然资源部和省相关技术标准规范要求的，可以不再另行编制详细规划，但要进行数据矢量化，并按照规定纳入国土空间规划"一张图"。

科学编制城镇开发边界内详细规划。对没有编制详细规划或者经评估需要修改的，要按照详细规划全覆盖的要求，结合市、县（市）国土空间总体规划编制和建设时序安排，制定详细规划编制方案。编制详细规划要依据总体规划，按照"传导有效、面向实施，增存结合、编管一体"总体思路，加强与有关专项规划的衔接，将依法批准的专项规划主要内容纳入详细规划；突出社区生活圈建设、老旧小区改造等城市更新工作，加强与用地政策的融合，提高详细规划的实用性和引领作用。详细规划批复后按照数据汇交要求纳入国土空间规划"一张图"。

(3) 甘肃省。

《甘肃省自然资源厅关于在城镇开发边界内加强规划管理的通知》(2020年9月2日)。

强化控制性详细规划引导和管控作用。控制性详细规划是核发用地预审与选址意见书、建设用地规划许可证、建设工程规划许可证的法定依据。控制性详细规划要明确容积率、建筑高度、建筑密度、绿地率等用地指标以及基础设施、公共服务设施、公共安全设施的用地规模、范围及具体管控要求，以及对区域整体形态、风貌、色彩、天际线等引导性要求。充分利用城镇边角地带、不规则地形、道路滨水及沿线地带等，结合构建15分钟生活圈规划布局社区公园或开敞空间，推动社区公园与开敞空间的网络化均衡布局，避免大广场、大绿地带来的服务不均衡、空间不协调及人流高度集中可能产生的安全隐患。各级自然资源部门要严格依据控制性详细规划出具规划条件，规划许可要严格落实规划条件要求。并严格遵守历史文化街区和历史建筑的"紫线"，不得占用各类绿地的"绿线"、控制江河湖库渠和湿地等城镇地表水保护范围的"蓝线"、保障城镇基础设施用地而划定的"黄线"及各类道路"红线"。同时要全面推行"多审合一""多评合一"，进一步简化规划审批程序，加强规划批后监督管理。

(4) 海南省。

《关于印发〈海南省城镇开发边界内控制性详细规划编制技术规定(试行)〉〈海南省城镇开发边界内控制性详细规划数据库标准(试行)〉的通知》(2021年6月28日)。

总体要求。控制性详细规划编制应当综合考虑地域特征、资源条件、环境保护、人文因素、公共安全、土地权属、公众意愿和经济社会发展需要，统筹利用地上地下空间，保障社会公共利益，保护城镇基本生态与历史风貌，体现生态文明导向、高质量发展理念和自由贸易港发展建设要求，符合上位国土空间规划，衔接各类专项规划，确保"一张蓝图绘到底"。

编制范围。控制性详细规划编制范围为城镇开发边界内全部国土空间。相邻城镇开发边界的区域可合并范围后统一组织编制控制性详细规划。

编制层次及内容。控制性详细规划包含单元规划和地块规划。单元规划应在研究支撑内容的基础上明确发展目标和性质定位、控制单元范围及主导功能、人口规模、用地布局、建设用地规模及居住用地规模、总建筑面积及居住建筑面积，以及公共服务设施、公用设施、交通设施、应急安全设施、道路路网密度、绿地与开敞空间、建筑高度等规划布局和控制要求。单元规划内容应包括"限制—引导"两类。限制内容在单元规划中明确规划管控要求，引导内容可在地块规划中细化落实。地块规划应细化落实单元规划的传导内容，明确地块各项控制内容和规划条件，作为实施建设项目的法定依据。

（5）贵州省。

①《省自然资源厅关于进一步加强国土空间规划编制和实施管理的通知》（2022年11月9日）。

规范城镇开发边界内控制性详细规划编制管理。各地要依据"三区三线"划定成果，结合国土空间总体规划编制，对城镇开发边界内现行控制性详细规划进行梳理评估。要勤俭务实、厉行节约，经评估符合要求的，按照规划矢量数据汇交要求纳入国土空间规划"一张图"。对于与"三区三线"划定成果冲突、不符合国家要求和相关技术规范的，要及时论证修改。没有控制性详细规划覆盖的区域，要结合国土空间规划编制和建设时序安排，适时开展规划编制。控制性详细规划编制或修改，要统筹协调相关专项规划涉及空间利用的安排，紧密结合社区生活圈建设、老旧小区改造等城市更新工作，加强与用地政策的融合，切实提高规划的实用性。各地自然资源主管部门要严格依据经批准的控制性详细规划出具规划条件、核发规划许可，不得以任何形式的其他规划替代控制性详细规划。

②《贵州省详细规划编制技术指南（试行）》（2022年12月29日）。

规划层次及内容。详细规划包含单元规划和地块规划两个层次。单元规划应承接传导上位规划意图，落实总体规划（分区规划）确定的底线约束、功能定位、规模控制等管控要求，重要公共管理与公共服务设施、重要市政公用设施、蓝绿系统和开敞空间布局，并衔接相关专项规划确定的空间安排利用。单元划分可结合总体规划（分区规划）编制同步开展，也可以根据实际建设需要合理确定。单元划分应统筹考虑行政区划、自然地理格局、道路交通、市政廊道、水系绿带、历史文化保护线等空间要素，并与土地储备、成片开发等政策性因素和用地功能联系、设施服务半径、15分钟社区生活圈设施配置等实施性因素相衔接。单元规模原则上以1~3平方千米为宜。地块规划应细化落实单元规划的传导内容，明确地块建筑退让红线、主要出入口方向等各项控制内容和容积率、建筑密度、建筑限高、绿地率等规划条件，作为土地供应、规划许可和项目建设的法定依据。地块规划应以单地块或多地块为基本单元编制。地块划分应充分考虑宗地权属和项目开发意向用地完整性，与道路、水系等自然边界相衔接，确保边界清晰，避免产生异形宗地和零星宗地。单元划分应当符合不交叉不重叠，相邻单元边界无缝衔接的要求；地块划分应当符合不交叉不重叠，单元内地块边界无缝衔接的要求。

（6）湖南省。

《关于开展城镇开发边界内控制性详细规划实施评估工作的通知》（2022年11月1日）。

开展全面评估。对城镇开发边界内控规编制单元划分情况、控规覆盖情况、控规实施情况开展全面评估。评估成果作为市县自然资源主管部门制定详细规划编制计划、开展详细规划编制或修改工作的依据。

划定详细规划编制单元。对接市县国土空间总体规划，以街道（镇）行政区划、"三区三线"为基础，统筹考虑道路、市政廊道、水系、绿带、历史文化保护线、城市设计重点地区等空间要素，并与土地储备、成片开发等政策因素和15分钟社区生活圈设施配置等实施因素相衔接，参考原控规编制单元，研究划定详细规划编制单元，指导下一阶段详细规划编制和实施工作。

明确单元优化引导。结合市县国土空间总体规划对片区功能定位和强制性内容，梳理各层次单元应当引导与控制的内容体系，如目标定位、规模控制、建设空间布局、四线管控、重大专项统筹（地下空间、综合交通、基础设施、综合防灾、竖向规划、城市控制线）、实施保障等，结合详细规划评估结果，强弱项、补短板，提出各单元的近期建设要求。

加强规划优化引导。将评估中与"三区三线"、国土空间总体规划确定的功能定位和强制性内容冲突较大的区域，近期需要重点开发或保护区域作为重点优化单元，优先纳入详细规划编制计划，尽快启动控规修改。评估存在冲突情形，但近期发展意向暂不明确、对城市整体空间格局影响较小的单元作为适时优化单元，有序纳入详细规划编制计划，按需启动控规修改工作。不存在冲突情形的区域，依法批准的控规成果按规范入库后继续使用。

（7）江西省。

《江西省自然资源厅关于做好城镇开发边界内控制性详细规划编制管理工作的通知》（2022年7月29日）。

开展既有控规评估维护工作。要对既有控规进行实施评估，与在编国土空间总体规划无冲突、适应目前城市发展和土地供应需求的，可继续沿用；既有控规难以满足发展需求，或与国土空间总体规划布局不相适应的，应对既有控规进行调整修编。各地要制定既有控规维护计划，按照最新用地分类标准和国家关于详细规划的编制技术要求，逐步将既有控规更新维护到位。

有序新编控规。符合国土空间规划，但尚无法定控规覆盖的区域，要及时组织开展控规编制工作，保障城市建设依法有序开展。城市中心区、城市更新区、历史文化风貌街区、近期建设区等城市建设重要控制区域应当优先编制控规。

明确过渡期控规编制依据。位于报批的城镇开发边界范围内，属城市近期重点开发区域或"十四五"期间有明确项目安排的区域，支持开展控规编制，按法定程序报批后作为土地征收成片开发方案编制、实施建设的依据。过渡期开展编制的控规，必须符合土地利用总体规划延续完善方案，且必须纳入在编的国土空间总体规划，未纳入的控规无效，不得实施。

改进控规编制单元划定。在延续原有控规编制方法基础上，为避免控规编制范围重叠，保障控规编制科学性，在城镇开发边界范围内结合行政区划、自然地理格局、城镇功能等划分用地面积合理、相对稳定的控规单元，作为开展控规编制与管理的基本单元。可以一个或者多个单元合并编制控规。

改进控规编制基础工作。要利用好自然资源基础数据的优势，用好"三调"成果，结合地形图、地籍权属数据、不动产登记、土地利用、土地储备和供应及不可移动文物等各方面数据，精准制作控规现状底图。

改进控规城市设计引导和管控作用。要充分运用城市设计方法，从城市空间形态、环境景观、建筑体量风格、建筑高度、色彩风貌等各方面，强化城市设计对城市风貌管控的引导，鼓励各地积极探索城市设计附加图则管控机制，将城市设计管控要求纳入控规编制、融入规划实施管理中，切实提高控规在城市建设管理、打造"高颜值城市"中的空间引导作用。

改进控规对相关专项规划空间统筹方式。要充分衔接教育、文化、养老托幼、环境卫生、交通、应急、体育、人防、消防、供水、排水、电力、燃气等相关专项规划并纳入控规，发挥控规的统筹协调和用地保障作用，消除相关专项规划空间矛盾，优化各类公共设施布局，明确设施配置要求，积极保障公众利益。

(8) 山东省。

《山东省自然资源厅关于加快国土空间规划编制报批强化国土空间规划实施监管的通知》(2023年1月17日)。

积极开展控制性详细规划评估和编制。结合市县国土空间总体规划编制，对城镇开发边界内控制性详细规划（以下简称"控规"）进行全面评估。对与"三区三线"划定成果、在编国土空间总体规划成果冲突或不符合国家要求和相关技术规范的，及时论证修改；经评估符合要求的，可继续沿用。没有控规覆盖的区域，要结合国土空间规划编制和建设时序安排，及时开展控规编制。要充分发挥详细规划层面城市设计作用，同步开展城市设计工作，将城市设计内容纳入详细规划，提升城镇空间品质。

依法严肃规划许可管理。国有土地使用权出让设置规划条件、核发建设用地规划许可证和建设工程规划许可证、低效用地再开发、落实土地征收成片开发方案、实施城市更新等应严格依据控规。

(9) 浙江省。

《浙江省自然资源厅关于进一步做好国土空间规划编制工作的通知》。

全面做好现有各类详细规划的评估工作。各地应及时对现有各类详细规划进行系统梳理和评估，主要包括控制性详细规划、村庄(建设)规划、村土地利用规划等，全面掌握现有详细规划的编制、实施和管理情况，为完善规划体系、提高详细规划管理水平提供支撑。未设置规划期或仍在规划期内的详细规划，满足"三区三线"管控要求并能够与新一轮国土空间总体规划相衔接的，可以继续沿用；与国土空间规划约束性指标、刚性管控要求等强制性内容存在矛盾的、或不符合当前国土空间开发保护需要的，应提出修编或废止的工作计划。

开展详细规划单元划分。详细规划单元应以城镇开发边界、行政界线、权属界线以及山体、河流、道路等典型地物划分，确保规划单元相对完整、规模适度、易于识别、便于管理，做到"不遗漏、不交叉、不重复"，实现详细规划单元全域覆盖。城镇地区的详细规划单元划分，应充分考虑居民生产生活半径和公共设施服务半径；在乡村地区，鼓励将若干个行政村划分为一个规划单元；沿海区域特别是利用海岛、岸线进行城乡建设、产业发展和旅游休闲活动的区域，应视具体情况，将部分海域纳入详细规划单元范围；考虑到农业、生态、城镇空间交错分布，可以在一个详细规划单元内兼有各类空间。详细规划单元一般在乡镇级国土空间总体规划中划分，并通过总体规划，明确各详细规划单元的管控和引导要求。

有序推进详细规划编制。详细规划按规划单元编制，各地应充分考虑国土空间开发保护需要、结合现有详细规划评估意见，制定详细规划编制计划，有序推进详细规划编制。详细规划"按需编制、应编尽编"，近期有城乡生活圈建设、园区建设、产业提升、有机更新、老旧小区改造、土地整治等需要的单元，应及时编制详细规划；暂无迫切诉求的单元，可暂缓编制详细规划，采用总体规划明确的用途分区、用地分类和管控规则开展规划管理工作，避免规划编制一哄而上的盲目浪费，确保详细规划"编制一个、成功一个、实用一个"。

积极推进详细规划转型。各地在详细规划编制中，要充分总结和运用既有的详细规划编制经验，积极探索存量为主的详细规划编制方法，不断创新农业、生态、郊野、文化以及其他特定功能单元的规划路径，尽快实现详细规划从城镇空间为主到农业、生态、城镇空间全域谋划，从建设用地为主到山水林田湖海全要素统筹，从开发建设为主到开发、保护、整治、修复全方位管控，从技术逻辑到政策逻辑的转型。

（10）江苏省。

《江苏省自然资源厅关于加强详细规划管理的通知》（2021年12月27日）。

急用先编，保障发展。市县国土空间总体规划完成之前已经批准、相关内容与在编国土空间总体规划无冲突的控制性详细规划，可继续沿用。有新建、扩建或城市更新需求的城市，可依据现行城镇总体规划和国土空间规划近期实施方案，并落实永久基本农田保护红线、生态保护红线、城镇开发边界，组织编制详细规划，保障城镇发展和有序更新。

尊重民意，服务民生。编制详细规划应当顺应城市发展规律，以人民为中心，尊重民意、服务民生；坚持生态优先，推动绿色高质量发展，助力"两碳"目标实现；注重存量更新，贯彻职住平衡、紧凑开发等理念，促进集约高效；增强城市韧性，协调开发与保护，保障城市安全。

分层传导，充分衔接。在延续原有控制性详细规划编制方法基础上，可将详细规划分为单元和街区两个层次编制。原则上单元划分应与街道（镇）行政区划衔接，街区划分应与社区（行政村）行政区划衔接。单元层次详细规划要承接传导总体规划（分区规划）的管控要求，明确空间管控通则；街区层次详细规划遵循单元规划管控要求，明确地块容积率、建筑高度、建筑密度、绿地率等管控指标，作为出具出让地块规划条件的依据。有条件的地区可将单元和街区两个层次合并编制。

创新手段，分类深化。各地可分类型深化详细规划编制工作，城市中心地区、交通枢纽地区、沿山滨水景观地区、历史风貌区和城市更新地区等重点控制区,要运用城市设计、大数据、信息化等技术手段,创新编制方法,细化相应管控要求,并形成相应的图则。涉及城市更新的区域,应在详细规划中深化细化研究,提出改造更新的差异化管控要求。涉及历史文化遗存的地区,鼓励将历史文化街区保护规划与详细规划合并编制,依据详细规划进行实施管理。

(11)宁夏回族自治区。

《宁夏回族自治区自然资源厅关于加快推进国土空间详细规划编制工作的通知》(2023年8月28日)。

分级分类科学开展详细规划编制。国土空间详细规划包括城镇开发边界内详细规划、城镇开发边界外村庄规划及特殊区域详细规划3种类型。各地要依据国土空间总体规划,结合"三区三线"划定成果,按照城市是一个有机生命体的理念,结合行政事权边界,统筹生产、生活、生态和安全功能需求,因地制宜划定国土空间详细规划编制单元。要将上位国土空间总体规划战略目标、底线管控、功能布局、空间结构、资源利用等方面的要求分解落实到各编制单元,作为详细规划编制依据,结合实际确定编制内容和深度。城镇开发边界内详细规划可分为单元和街区两个层级编制。城镇开发边界内详细规划单元划分应考虑与街道行政区划的衔接,街区划分应考虑与社区(行政村)行政区划的衔接。单元层级详细规划要承接传导总体规划管控要求,明确空间管控通则;街区层级详细规划遵循单元规划管控要求,明确地块容积率、建筑高度、建筑密度、绿地率等管控指标,作为出具出让地块规划条件的依据。有条件的市县可将单元和街区两个层次合并编制。涉及城中村改造的可结合城中村分布、规模等情况，合理确定城中村改造空间单元范围，编制城中村改造控制性详细规划。

把握详细规划编制的基本要求。严格落实上位规划要求。国土空间详细规划编制要传导落实上位国土空间总体规划及"三区三线"划定成果，落实所在区域主体功能定位、分区管控等要求。要对既有详细规划进行实施评估，与"三区三线"划定成果和国土空间总体规划无冲突、适应目前城市发展和土地供应需求的，可继续沿用；与"三区三线"划定成果和国土空间总体规划布局不相适应，或难以满足发展需求的，应进行调整修编。强化与专项规划衔接。加强与教育、交通、市政、医疗、民政、养老、文化、体育、应急、消防、防灾减灾、生态环境等专项规划的衔接协调，平衡各类用地空间布局和用地保障，协调相关专项规划空间矛盾，落实相关管控内容，优化各类公共设施布局，明确设施配置要求，保障公众利益。提升国土空间安全韧性。落实国家和自治区安全生产相关重大工作部署，细化落实国土空间总体规划明确的公共安全与防灾减灾管控要求，完善城乡防灾避难场所布局和规模，做好公共安全设施、市政公用设施、消防训练、安全科普教育基地等空间保障，重大基础设施、重要生命线工程等要避开地质灾害高易发区和已经探明的地震断裂带；城市内部要细化落实重要绿地（绿线）、水体（蓝线）、基础设施（黄线）等安全系统管控线，适度提高生命线工程的冗余度；要严格落实化工园区周边规划安全控制线及其他必要管控线，确定危险品生产和仓储用地布局。村庄规划编制要充分研究评估地质灾害和洪涝灾害等风险隐患，居民点以及学校、村委会、卫生所等重要民生设施布局要避让地质灾害、洪涝灾害等隐患区域，提出综合防灾减灾目标和措施，明确防灾减灾设施布局，确定相应设施建设标准，引导补齐村庄安全与防灾减灾短板，引导乡村安全发展。推动城镇空间内涵式集约型绿色化发展。综合考虑建设用地增存挂钩、城乡建设用地增减挂钩等政策，严格控制城镇开发边界内增量空间的开发，确需占用耕地的，应按照"以补定占"原则同步编制补充耕地规划方案，明确补充耕地位置和规模。要结合城市更新，融合低效用地盘活等土地政策，兼顾地上地下，鼓励开发利用地下空间和土地混合开发，有序引导单一功能产业园区向产城融合的产业社区转变，提升存量土地节约集约利用水平和空间整体价值。要强化对历史文化资源、地域景观资源的保护和合理利用，在城镇开发边界内详细规划中，合理确定各规划单元范围内存量空间保留、改造、拆除范围，防止"大拆大建"。

3.3 当前国土空间详细规划编制与实施发展趋势与特点

3.3.1 编制基础通用化

《中共中央 国务院关于建立国土空间规划体系并监督实施的若干意见》要求以自然资源调查监测数据为基础，采用国家统一的测绘基准和测绘系统，整合各类空间关联数据，建立全国统一的国土空间基础信息平台。以国土空间基础信息平台为底板，结合各级各类国土空间规划编制，同步完成县级以上国土空间基础信息平台建设，实现主体功能区战略和各类空间管控要素精准落地，逐步形成全国国土空间规划"一张图"，推进政府部门之间的数据共享以及政府与社会之间的信息交互。

自然资源部、国家标准化管理委员会印发的《国土空间规划技术标准体系建设三年行动计划（2021—2023年）》提出，其行动目标是到2023年，基本建立多规合一、统筹协调、包容开放、科学适用的国土空间规划技术标准体系。在基础通用标准方面，将开展基本术语、用地用海、主体功能区、陆海统筹等方面基础标准的研制，支撑国土空间规划全流程管理。

国家市场监督管理总局批准发布的《国土空间规划"一张图"实施监督信息系统技术规范》，明确了国土调查、规划编制审批、用途管制、执法督察等各环节的通用性数据要求。从各省的情况来看，详细规划编制的正式图件的平面坐标系采用"2000国家大地坐标系"，高程基准面采用"1985国家高程基准"，投影系统采用"高斯-克吕格"投影，分带采用"国家标准分带"。

3.3.2　编制类型多样化

以往所有地区的控规基本采用同一种编制方式，控制内容及指标基本相同，忽视了空间对象的多样性。在"多规合一"的国土空间规划体系下，适用于城市地区增量发展的管控方式难以指导存量地区、乡村地区、城乡交界地区等的发展，亟须创新差异化的管控方式，推进详细规划全域覆盖。

《自然资源部关于加强国土空间详细规划工作的通知》中明确，各地在"三区三线"划定后，应全面开展详细规划的编制，并结合实际依法在既有规划类型未覆盖地区探索其他类型详细规划。明确详细规划包括城镇开发边界内详细规划、城镇开发边界外村庄规划及风景名胜区详细规划等类型。在此基础上，随着详细规划的管理范围扩展到全域全要素，详细规划的类型将有所拓展，从建设空间到农业空间、生态空间等功能空间都可以根据需要编制详细规划；随着详细规划从静态蓝图向全过程全周期动态管控转变，详细规划的体系制度将更加完善，从规划编制、规划实施到监测评估、维护运行形成完整闭环管理；随着详细规划从技术文件向制度设计和公共政策转型，详细规划的内涵将更加丰富，将在调查、确权、规划、建设、更新等自然资源全生命周期管理过程中发挥核心作用；随着详细规划向实施治理不断深化，详细规划的方法也将在继承基础上不断发展创新。

例如广州结合总体规划土地用途分区要求，将城镇开发边界内的详细规划单元划分为5类，将城镇开发边界外的详细规划单元划分为农业农村单元、生态景观单元2类。其中，城镇开发边界内的详细规划单元通过明确5类单元的特色管控要点，提升不同类型城市空间的品质；城镇开发边界外的农业农村单元结合全域土地综合整治、生态修复等工作，推动乡村群统筹发展。厦门将管控空间划分为城镇、乡村、海域3类单元。其中，城镇单元中的重点地区通过"图则管控＋附加导则"对功能配套、开发强度等进行精细化管控；乡村单元聚焦空间资源管控，指导村庄建设、土地整治、乡村振兴、环境提升等行动类规划编制。

3.3.3 编制内容个性化

当前,城市已经进入存量发展阶段,空间规划已经逐步形成了以"分部门、分层级、分阶段"为主要特征的规划体系。详细规划要从增量为主转向增存并举,既要掌握增量空间如何做详细规划,又要探索存量空间如何做详细规划,要盘活存量、把握变量、引导流量、提高质量;既要在空间维度统筹空间资源要素优化配置,加强增量空间和存量空间差异化的价值引导,又要在时间维度统筹规划、土地等各类政策工具,推动规划精准有序实施,促进规划与土地政策的融合创新。一方面,要落实全域全要素、绿色发展等新理念要求,坚持底线思维,同时,适应存量空间管理特点,通过对空间布局、用地性质调整带动空间权属重构和资源价值提升,规划重点逐步从"地块"形态延伸至空间权利。另一方面,要更加强化精细化技术方法尤其是城市设计方法的运用,借助形态组织和环境营造方法,强化城市历史文脉传承发展,功能组织活力有序,风貌特色引导控制,公共空间系统建设,实现美好人居环境和宜人空间场所的积极塑造。

在一些特殊类型区域如重点功能区域、历史街区、特色风貌区、生态区等,更需要探索特色化和差异化的管控要素体系和管制模式,解决控规编制统一化与标准化导致的个性化欠缺、特色不突出等问题。

3.3.4 编制深度精细化

《自然资源部关于加强国土空间详细规划工作的通知》第三条要求,

要以国土调查、地籍调查、不动产登记等法定数据为基础，加强人口、经济社会、历史文化、自然地理和生态、景观资源等方面调查，按照《国土空间规划城市体检评估规程》，深化规划单元及社区层面的体检评估，通过综合分析资源资产条件和经济社会关系，准确把握地区优势特点，找准空间治理问题短板，明确功能完善和空间优化的方向，切实提高详细规划的针对性和可实施性。第六条要求，要强化详细规划编制管理的技术支撑，规划编制和实施管理的数字化转型，依托国土空间基础信息平台和国土空间规划"一张图"系统，按照统一的规划技术标准和数据标准，有序实施详细规划编制、审批、实施、监督全程在线数字化管理，提高工作质量和效能。详细规划依托国土空间规划"一张图"系统开发的各类辅助决策算法程序，将不断提高详细规划的数字化管理水平和动态适应能力。

如武汉在既有的以"用地和容量"管控为主要手段的基础上，考虑存量空间再利用与市场配置资源的需求，推动控规编制升级。一是适应建设用地复杂权属关系及多元的价值诉求，全面加强与规划审批信息尤其是地籍权属信息的对接，完善细化社区人口、设施等，以社区行政单元为基础重构控规单元体系。二是强化精准评估，按照"缺什么补什么"的原则，完善、修补、策划各片区的城市功能和空间结构，量身定制升级策略和实施计划，切实解决空间、功能、景观碎片化问题。三是划定城市用地"动静分区"，推动城市逐步安静和稳定下来，其中动区是拟拆除重建的区域，是提升城市功能、优化环境品质的重要载体；静区是通过微更新、微改造等进行整治与提升的区域，不搞大拆大建，基本保持现有的空间肌理和风貌格局不变。四是强化城市设计，贯彻以人为本、尊重自然、传承历史、绿色低碳理念，强化对城市功能、公共空间、景观风貌等的有序引导，实现可改造区域的城市设计全覆盖。最后，在成果形式上，提出由现有控规的以用地管控为主的二维体系，升级为地面、地上、地下三维体系，强化控规的可操作性、系统性、精细化管理，从而全面提升全市城市规划管理水平。针对重点地区、一般地区采取差异化的编制思路和要求，增量地区要与国土空间总体规划做好衔接，处理好开发建设与生态、耕地的空间关系，明确新增用地的规模与边界；存量地区要开展详尽的现状调查，摸清权属情况、更新改造意愿，明确城市更新的目标、类型以及时序，并提出城市更新指引要求，确定需要规划管控的道路骨架、生态结构、重要设施等内容；历史保护区要与历史保护相关规划做好衔接，落实各类保护对象的管控要求等。

面向空间治理的国土空间详细规划编制路径

4.1 构建全域覆盖的详细规划编制体系

4.1.1 全域覆盖的详细规划单元构建要求

4.1.1.1 全要素覆盖的规划单元分类

传统城乡规划中的详细规划主要针对城镇化地区，重点对城区、镇区、开发区等建设区进行管控。国土空间规划体系下的全域全要素的详细规划编制的目的是实现生态本底的整体保护、自然资源的可持续利用，形成理想的人居环境。这意味着详细规划不仅需要覆盖全域，还需将全域空间范围内的各要素纳入详细规划，统筹保护、利用、开发、修复需求，编制相应的单元层面详细规划，形成能够有效管控各地区的科学指引。

全域覆盖的详细规划应当建立全域统一的、以土地用途管制为核心的管控体系，编制时需要将行政区域分为城镇、乡村、生态空间等不同类型，并对照城镇、乡村、生态三类空间，将全域划分为城镇地区规划单元、乡村地区规划单元、生态地区规划单元三类，这既能延续传统控规对城镇空间的用途管制，又能为农业空间、生态空间中的建设活动、资源开发、生态修复等各类开发保护活动提供法定依据，促进城乡融合与统筹，从管控范围上确保国土空间管理的全覆盖、无冲突。

4.1.1.2 详细规划单元划分原则

（1）要有利于规划编制组织。单元的划分规模和形态要尊重自然地理格局，综合考虑地理和地物边界；同一单元尽量集中连片，统筹考虑历史文化街区、历史文化名镇名村、传统村落以及风景名胜区、自然保护地等特定区域的管控范围和要求，以及城市更新、"三旧"改造、村镇工业集聚区等要素的整体性，避免出现因物理要素隔离将相对完整的功能区块分开的做法。

（2）要有利于有效传导。单元的划分需要统筹考虑如何保证对国土空间总体规划中核心控制要素的准确传导，结合总体规划的规划分区，能有效分解落实国土空间总体规划确定的战略目标、底线管控、功能布局、空间结构、资源利用等方面内容，确保各个单元有相对明确的主导功能和主要管理指标，生态地区规划单元划分应尽可能保持生态功能完整。

（3）要有利于责任落实。详细规划单元的划分要与行政实施主体相对应，协调单元范围和行政管理事权的关系，尽量保证两者范围一致。在划分单元、确定单元边界时应统筹考虑管委会、园区、街道、社区、标准统计单元等相关部门管理界线，尽量保证行政管理单元的相对完整性。

（4）要有利于提升管理效能。合理确定详细规划编制单元规模，需要从管理效能出发，结合行政事权统筹生产、生活、生态和安全功能需求，综合考虑城镇、乡村、生态空间的不同特征，因地制宜确定单元的适宜规模。对于城镇地区规划单元划分，在尊重街道行政管理边界的基础上，应统筹考虑社区治理、基本公共服务设施均衡配置、社区生活圈构建等需求，划分详细规划编制单元。对于乡村地区规划单元划分，在行政村边界的基础上，结合村庄类型、自然风貌、乡土风俗、经济水平、设施配套以及群众需求等因素，可以一个村作为一个单元，也可以若干村划为一个单元。

4.1.2　城镇地区规划单元划分

在现有国土空间规划体系中，城镇地区主要指城镇开发边界以内的区域，2021年以来，全国多个省份出台了城镇开发边界内控制性详细规划编制的相关技术标准和指南规范，对城镇地区规划单元的划分方式进行了探索，如海南省、江苏省、重庆市、广东省等，各地对详细规划编制单元的划分要求不一。

（1）《海南省城镇开发边界内控制性详细规划编制技术规定（试行）》要求，组织控制性详细规划编制的单位应统筹考虑行政区划、自然地理格局、道路交通、空间结构、设施服务半径、用地功能联系等因素，以及控制区域的功能属性、产城融合、新旧城区、近远期要求等要素，合理确定开发边界内建设用地布局，将其划分成若干个规划控制单元，作为落实上位规划传导内容、衔接具体地块实施安排的基本单位。控制单元原则上以1~3平方千米为宜，各地可结合实际适当扩大或缩小划定单元范围。

（2）《江苏省城镇开发边界内详细规划编制指南（试行）》要求，单元划分可结合总体规划(分区规划)编制同步开展，同时确定各单元的规划人口规模；应衔接街道(镇)行政区划，统筹考虑道路、市政廊道、水系、绿带、历史文化保护线、城市设计重点地区等空间要素，并与土地储备、成片开发等政策因素和15分钟社区生活圈设施配置等实施因素相衔接，合理确定单元边界。单元规模原则上以10平方千米左右为宜。规模过大的街道(镇)可以道路、河流等明确的空间要素为主，综合考虑社区(行政村)行政边界，划分为多个单元。跨城镇开发边界的街道(镇)，可依据城镇开发边界内用地规模及主导功能，单独划分单元或与相邻单元合并。面积较大（原则上5平方千米以上）、分布集中、形态较完整的弹性发展区和特别用途区可单独划分单元；面积较小（原则上5平方千米以下）、分布零散的弹性发展区和特别用途区可纳入相应的集中建设区单元。风景名胜区、历史城区等特定地域空间可结合相应范围单独划分单元。单元划分应确保范围不重叠且无缝衔接。单元边界应保持稳定，若确需调整，应同步调整相邻单元边界。

（3）《重庆市详细规划编制指南（试行）》提出，详细规划包括城镇开发边界内的详细规划，城镇开发边界外特定功能、特定政策区域的详细规划和城镇开发边界外乡村地区的村庄规划。小城镇原则上按一个规划单元划定，规划单元边界应结合城镇功能规划分区，与街镇行政边界相衔接，规划单元面积一般为10～30平方千米。较大的城镇应结合城市功能结构、社区边界等划分街区，街区面积一般为3～5平方千米，原则上不超过10平方千米。

（4）广东省自然资源厅在《关于推进城镇开发边界内详细规划评估及编制工作的通知》中提出，要在城镇开发边界内划分出全域覆盖、无缝衔接、分类管控、统一赋码的详细规划单元。各市县结合城市规模大小以及发展需求确定详细规划单元的划分，明确一般单元和4类特殊单元的划分方式。一般单元指特殊单元以外的单元。特殊单元包括重点开发、城市更新、历史保护、战略留白等。重点开发单元指涉及总体规划确定的城市中心区、交通枢纽区、重点平台、创新集聚区、海陆统筹重点区域或其他重点开发区域的单元。城市更新单元指以存量低效用地再开发利用为主的单元。历史保护单元指涉及历史文化街区、名镇、名村、重要传统村落保护范围的单元。战略留白单元指涉及总体规划确定的战略留白区，用于满足未来城市重大公共服务设施、重大交通市政设施、重大产业项目和应对重大公共安全问题需求的单元。

各地出台的城镇开发边界内控制性详细规划编制的相关技术标准和指南规范也对详细规划单元的规模要求进行了细化，落实了15分钟社区生活圈理念，明确详细规划单元面积一般为1~5平方千米，中心城区的详细规划单元面积宜为1~3平方千米，新城新区的详细规划单元面积宜为2~5平方千米。涉及历史保护、老城区的详细规划单元可适当缩小，以工业、物流业为主导功能的详细规划单元面积可适当扩大。战略留白单元按照总体规划确定的战略留白区范围，合理确定详细规划单元面积大小。城镇开发边界内零星"开天窗"非建设用地应整体纳入详细规划单元统一管控。

各省市虽划分方式不一，但大部分都提出城镇地区规划单元划分应与15分钟社区生活圈结合，单元面积宜为1~5平方千米，可根据功能需求适当调整规模，原则上不超过10平方千米。城镇地区规划应按照不同功能划分单元，有更新需求的老城以及有历史文化保护要求的地区应划分单独的详细规划单元。

4.1.3 乡村地区规划单元划分

乡村地区规划单元是基于村庄规划提出的规划单元，《中共中央 国务院关于建立国土空间规划体系并监督实施的若干意见》明确提出，"多规合一"的实用性村庄规划属于详细规划，乡村地区规划单元划分必须有利于村庄规划的编制。2000年以来，原国土、住建等部门已经以单个村庄编制村庄规划的模式进行了3轮村庄规划全覆盖工作，对农村的基础设施、人居环境等起到了积极的作用，但以单个村庄编制村庄规划的模式加速了乡村建设各自为政的现象，造成了基础和公共服务设施浪费、产业集聚效应不佳、乡村风貌散乱等问题。村庄规划的编制要从区域统筹和城乡融合视角进行统筹协调，因此乡村地区规划单元的划分也要综合考虑村庄片区的优势资源要素的整合，一定片区范围内自然地理条件和资源环境相同或者相近的村庄应划入同一单元编制规划，这有利于整合优势资源要素，优化资源配置。上海、成都、杭州等地区都进行了先行探索。

（1）上海市颁布的《上海市郊野单元（村庄）规划编制技术要求和成果规范》提出，在城镇开发边界外，将全市1500多个村庄以镇域为单元编制郊野单元（村庄）规划，工作重心从原来单个行政村转到镇域层面统筹上。一般以镇域为基本单元，若镇域范围较广，可拆分为2～3个单元。从区域角度统筹村庄的建设用地指标，兼顾村庄开发建设和人居环境改善，提升土地利用效率，实现上海乡村增产、增效、增收和增绿的可持续发展。

（2）2021年11月，在统筹推进四川省乡村国土空间规划编制工作会议上，四川省提出按实际划分片区，按片区编制规划，按规划优化布局、配置资源的方向路径，科学编制乡村国土空间规划，确定了"打破县域内行政区划和建制界线，以片区为单元编制乡村国土空间规划"的新模式。根据四川省的指导意见，成都市初步形成了村庄规划片区的划分成果，其核心是围绕乡村地区如何高质量发展来优化资源配置。全市261个乡镇划分形成了55个城乡融合发展片区（镇级片区）和413个村级片区，平均村级片区用地规模约 30 平方千米，平均人口约 1.07 万人，目前正在按照镇级片区统筹村级片区的编制模式来统筹推进多规合一实用性村庄规划，引导资源要素在一定区域内进行优化配置。

（3）杭州以"乡村单元"构建全域全程全要素覆盖的规划框架体系。遵循自然地理和社会经济联系规律、尊重行政管辖治理边界划分乡村单元，以"共富引领带"为区域要素整合脉络，以"乡村单元"作为规划管理基本网格的乡村规划改革探索。通过乡村单元详细规划，实现重点村与周边乡村的联动发展，引导人口、土地指标等要素向重点村集聚，通过单元协同、机制创新来共享区域发展红利，进而实现更大范围的资源要素整合。

上海、成都、杭州的做法都是从城乡融合、区域协同视角出发，打破村镇行政界线，从县域层面以一个镇或者几个镇为单元连片组织村庄规划和建设，通过整合乡村地区资源、优化资源要素配置，发挥各村的核心资源价值和比较优势，促进资源要素的集约高效利用，带动乡村振兴和乡村地区可持续发展。

4.1.4　生态地区规划单元划分

生态地区规划单元主要以重要的自然生态系统、物种、自然遗迹、自然景观及其所承载的自然资源、生态功能和文化价值为对象，以国土空间规划确定的自然保护地、生态保护区、生态控制区等蓝绿空间为基础划分。生态地区规划单元划分应统筹考虑行政管理界线、主干路网与自然地理界线、权属边界、特定管控区域范围、生态系统完整性和连续性、规划功能差异性和完整性等因素，综合确定单元边界。

根据生态空间要素分布、主导功能类型、保护和利用方向差异，生态地区规划单元可划分为六类：生态保育单元、河湖湿地水安全单元、生态游憩单元、重要生态廊道单元、生产生活单元、服务保障单元。生态地区规划单元应合理分类确定单元规模大小，一般原则为生态保育单元与河湖湿地水安全单元的规模最大，生态游憩单元与重要生态廊道单元的规模次之，生产生活单元与服务保障单元的规模最小。

（1）生态保育单元包括生物多样性保护维育和生态安全底线空间。该类型单元主要包括自然生态系统保存完整、生态核心资源集中分布、具有代表性和特殊性自然遗迹、生态脆弱需要休养生息的地域等。

（2）河湖湿地水安全单元包括水资源供给和水域生态环境重点保护区。该类型单元主要包括河湖管理范围区、水源保护区、主要湿地分布区（含海岸线滩涂湿地）、水源涵养功能区（含地下水涵养区）等。

（3）生态游憩单元包括自然景观资源集中分布、适宜进行生态休闲游览的区域。该类型单元主要包括特色优质的山水林田湖草冰沙、典型地形地貌、地质遗迹等自然景观资源集中分布区。

（4）重要生态廊道单元包括生态安全格局构建体系中需要特别管控的线性生态空间。该类型单元主要包括与相邻两边环境不同的，以森林、草原、河湖湿地等生态系统组成的线性或带状生态空间，是构建"基质—廊道—斑块"景观生态安全格局网络的重要组成部分。

（5）生产生活单元包括居民绿色生产生活区域。该类型单元主要包含居民农、林、牧、渔业等生产区域，较大的居民集中居住、公共基础及公共服务区域，农事体验等当地居民所需的生产生活空间，用于基本生活和按照绿色发展理念开展生产生活的区域。

（6）服务保障单元包括管理和旅游接待的集中配套服务区域。该类型单元主要在自然保护地、一般生态游憩区中，为满足管理和旅游接待服务需要而划分的配套服务区域，主要用于满足旅游服务的集中建设管理区、游客中心、娱乐设施、停车场和一定数量的住宿、餐饮、购物、娱乐等接待服务设施，以及必要的管理和职工生活用房。

目前生态地区规划单元仅在广州、成都、深圳等地有部分探索与实践，总体上，生态地区规划单元划分应以保障生态系统的完整性，便于各类资源的分级分类保护为主。

4.2 开发边界内详细规划编制路径

自控制性详细规划作为法定规划纳入城乡规划法以来，全国各市县中心城区基本完成了控规全覆盖。随着各地国土空间总体规划批复实施，当前已编的控规是否符合新要求、是否适应新趋势都有待查证，为避免规划的重复编制和资源浪费，亟须开展已编控制性详细规划评估工作，科学识别哪些控规满足要求，或通过适当优化即可满足要求，哪些控规需要修编。因此，开展开发边界内已编制控规评估是编制开发边界内详细规划的前提。

4.2.1 开展已编控制性详细规划评估

4.2.1.1 已开展的控规评估探索

广东、湖南等省份已开展对已编控制性详细规划评估的研究工作。2023年3月，广东省发布了《广东省城镇开发边界内已编控制性详细规划评估指南（试行）》，且已经在若干城市展开了评估的试点工作。湖南省于2022年11月份发布了《关于开展城镇开发边界内控制性详细规划实施评估工作的通知》，要求全省展开城镇开发边界内已编控规的全面评估。

（1）广东省对已编控规开展四方面评估。

一是符合性评估。对控规与上位国土空间总体规划强制性内容及纳入国土空间"一张图"实施监督信息系统的专项规划进行符合性评估。

二是支撑性评估。对控规与已纳入国土空间规划"一张图"实施监督信息系统的近中远期重点建设项目进行支撑性评估。

三是适应性评估。对控规与土地节约集约利用、安全韧性、城市更新及"三旧"改造、城市设计等新理念新要求进行适应性评估。

四是实施性评估。对控规道路衔接、地块衔接、设施落地等进行可实施性评估。实施性评估为选做内容。

（2）湖南省针对已编控规明确了六方面评估内容。

一是覆盖性评估。对城市总体规划确定的建设用地范围内控规编制单元划分情况、控规编制情况、应编未编情况等进行评估。

二是符合性评估。对已编控规与城市总体规划强制性内容以及各专项规划的管控边界的符合性进行评估。

三是安全性评估。对已编控规及实施情况是否满足城市安全韧性要求进行评估。

四是支撑性评估。对已编控规支撑已纳入"三区三线"和国土空间规划"一张图"的近中远期重点建设项目以及城市发展进行评估。

五是实施性评估。对已编控规的实施情况以及未来各项设施落地的可实施性进行评估。

六是品质性评估。对已编控规是否体现土地节约集约利用、绿色低碳、城市更新、15分钟社区生活圈等新理念和新要求进行评估。

（3）小结。

结合以上两个省份的评估研究分析，发现两个省份的评估因子各有优势，广东省评估因子选择的逻辑性强，评估的目的简单明确，判定方式客观明确，结论清晰易得，对后续工作的指导性强。湖南省评估逻辑与广东省基本一致，增加了覆盖性评估，并结合自身实际，提出了其他如能源安全保障、智慧城市和数字治理、绿色低碳、控规实施偏差原因分析等部分特色评估因子。对已有控规的评估应该注重以下五方面内容。

一是注重全域全覆盖和全流程的详细规划编制，尤其针对原有城乡规划和国土空间规划城镇开发边界范围的不一致性要开展针对性评估，对不符合当前国土空间规划编制法定流程和标准的要重点关注。

二是注重与当前国土空间规划体系的衔接，重点评估是否与国土空间总体规划强制性内容相一致。

三是注重对重点项目的引导。本轮国土空间总体规划中，重大项目库是规划的重要成果之一，项目在空间上需要由控规来具体落位，因此控规与重点项目是否一致，能否提供空间保障，也是评估重点之一。

四是注重品质方面的要求。在新发展理念的要求下，控规从原有的以土地供应为核心逐步转向以提高人民的生活品质为核心，因此要注重对已有控规是否满足当前绿色发展、城市更新等要求方面的评估。

五是注重是否便于实施。要加强与"一张图"实施监督系统的对接，针对控规的可行性进行评估，避免出现编完就调整的情况，提高控规的严肃性。

4.2.1.2 评估思路

（1）分层评估。

湖南省的覆盖性评估为对已编控规总体情况的评估，其他可以控规单元为基础进行评估，故对已编控规应从总体层面和单元层面进行评估，也可根据实际情况增加片区或分区层面评估。

①总体层面评估主要包括程序性评估、覆盖性评估。

程序性评估即识别已编控规是否符合法定编审程序，准确识别不符合法定编审程序或未完成编审程序的控规。

覆盖性评估重点评估控规单元划分情况、控规编制情况及应编未编情况等。

②单元层面建议从符合性评估、支撑性评估、适应性评估和实施性评估四方面开展，但其结论应在总体层面汇总。

符合性评估。重点对已编控规与上位国土空间总体规划强制性内容以及各专项规划的管控边界的符合性进行评估。

支撑性评估。重点衔接已纳入"一张图"的近中远期重点建设项目，根据控规对近期重点建设项目的落实情况进行支撑性评估。

适应性评估。重点结合新时期城市发展建设需要，对已编控规是否体现土地节约集约利用、安全韧性、城市更新、城市设计等新理念和新要求进行评估。

实施性评估。重点从道路衔接、地块衔接、设施落地等方面对已编控规方案进行实施性评估。

（2）分类评估。

针对不同特征的控规单元，应根据实际需求，不同单元侧重不同的评估内容。

老旧城区类控规单元应重点评估现状城市道路密度、公共服务配套设施、公共空间等管控要求是否满足15分钟社区生活圈等相关标准规范要求。

历史文化保护类控规单元应重点评估历史文化保护范围线、各种历史保护名录等，还应加强城市风貌、建筑高度、容积率等方面评估。

临山滨水等城市重要开放空间涉及的控规单元应重点评估天际线、建筑高度等方面情况。

城镇中心、城市客厅、城市中轴、中央商务区、中央活力区等作为城市形象地标并且承载重要城市功能的控规单元，应重点评估城市风貌、建筑高度、容积率等方面。

有重点产业布局的控规单元，应对单元主导功能、开发强度、建设规模等进行重点评估。

（3）分类判定。

按照评估要素对控规地块深度的内容进行评估，区分重大冲突、一般冲突、无冲突三种情形。

重大冲突主要为与国土空间总体规划强制性内容和专项底线管控要求等内容不符的情形。

一般冲突为与其他评估要素存在不符的情形。

无冲突为无不符的情形，除此之外，还包括因坐标转换造成的边界错位产生的不符情形。

4.2.1.3 评估结论引导

结合《广东省城镇开发边界内已编控制性详细规划评估指南（试行）》，建议将控规单元划分为继续适用单元、有条件继续适用单元、适时优化单元和重点优化单元四类。

（1）继续适用单元。经评估不存在冲突的单元认定为继续适用单元。在编控规按照法定程序报批入库后使用。

（2）有条件继续适用单元。经评估发现一般冲突，但是冲突内容不涉及交通市政设施、公共服务配套、开放空间格局等公共空间或者功能且近期不具备修改条件的单元，评估为有条件继续适用单元。

（3）适时优化单元。经评估发现重大或者一般冲突，但是可以通过修改符合继续适用条件的，评估为适时优化单元。形成适时优化结论的同时应提出优化建议，有序纳入详细规划编制计划，按需启动控规修编工作。

（4）重点优化单元。发生重大冲突，且无法通过修改符合继续适用条件的，或者经评估为一般冲突，但涉及近期重点开发区域的单元，评估为重点优化单元。该类单元应优先纳入详细规划编制计划，尽快启动控规修编工作。

4.2.2　详细规划编制基础工作要求

4.2.2.1　统一底图底数

详细规划应与当前开展的国土空间总体规划相结合，收集整理国土调查及年度变更调查、地籍调查、不动产登记、地理国情普查和监测、航空航天遥感影像、国土空间规划编制与审批、土地供应、执法督察等自然资源主管部门空间数据，经济社会发展统计数据，各部门专项调查统计数据，以及公开发布或合法获取的手机信令数据、POI 数据、交通 IC 卡数据、企业信息、位置服务数据、夜间灯光遥感数据、市民服务热线数据等城市运行大数据。

按照《国土空间调查、规划、用途管制用地用海分类指南》《自然资源部办公厅关于规范和统一市县国土空间规划现状基数的通知》等要求，整合前期收集到的各类空间数据，制作坐标一致、边界吻合、上下贯通的工作底图底数。底图统一采用2000国家大地坐标系、1985国家高程基准、高斯-克吕格投影系统（3°分带）作为空间定位基础，比例尺不小于1:2000，用地分类应达到《国土空间调查、规划、用途管制用地用海分类指南》中的三级类。

4.2.2.2　开展现状调查

积极开展公众参与的活动，以统一的底图底数为基础，加强人口、经济社会、历史文化、自然地理和生态、景观资源等方面调查，准确把握地区优势特点和当前发展情况。按照《国土空间规划城市体检评估规程》，深化详细规划单元及社区层面的工作，对城市发展特征及规划实施效果进行分析和评价，找准国土空间治理、城市功能布局中存在的问题和短板。梳理总体规划和相关专项规划的具体要求，收集范围内相关利益主体诉求，预判重点问题，明确编制的要求和方向，提出需要同步开展的研究专题。

4.2.2.3　明确规划依据

详细规划既有延续也有更新，应把原城乡规划和国土空间规划政策法规全部纳入规划依据，通过系统梳理，目前主要已出台以下文件。

(1)《中华人民共和国土地管理法》（2019年修正）。

(2)《中华人民共和国城乡规划法》（2019年修正）。

(3)《中华人民共和国土地管理法实施条例》（国务院令第743号）。

（4）《中共中央 国务院关于建立国土空间规划体系并监督实施的若干意见》（中发〔2019〕18号）。

（5）《城市规划编制办法》（建设部令第146号）。

（6）《自然资源部关于全面开展国土空间规划工作的通知》（自然资发〔2019〕87号）。

（7）《自然资源部关于做好近期国土空间规划有关工作的通知》（自然资发〔2020〕183号）。

（8）《自然资源部关于进一步加强国土空间规划编制和实施管理的通知》（自然资发〔2022〕186号）。

（9）《自然资源部关于加强国土空间详细规划工作的通知》（自然资发〔2023〕43号）。

（10）《国土空间调查、规划、用途管制用地用海分类指南》（自然资发〔2023〕234号）。

（11）《自然资源部关于加强和规范规划实施监督管理工作的通知》（自然资发〔2023〕237号）。

（12）《城市居住区规划设计标准》（GB 50180—2018）。

（13）《第三次全国国土调查技术规程》（TD/T 1055—2019）。

（14）《社区生活圈规划技术指南》（TD/T 1062—2021）。

（15）《国土空间规划城市体检评估规程》（TD/T 1063—2021）。

（16）《国土空间规划城市设计指南》（TD/T 1065—2021）。

(17）其他法律法规、政策文件、技术标准等。

4.2.2.4　明确编制层级

通过分析广东、江苏、海南、贵州、重庆等省市已出台的技术标准，按照单元、地块两级编制详细规划成果较为科学合理。

单元详细规划重点落实国土空间总体规划和衔接相关专项规划要求，侧重统筹性。落实总体规划的强制性内容，衔接相关专项规划的空间管控要求，指导地块开发细则的编制。各市县应结合自身需求将详细规划单元进行区分，尤其是对重点开发、城市更新、历史保护、战略留白等有特殊功能的单元提出针对性的管控要求。

地块详细规划依据单元详细规划编制，是核发城乡建设项目规划许可、进行各项建设等的主要依据，侧重实施性。在严格遵循单元详细规划强制性内容的基础上，结合相关规范要求和发展需要，合理确定地块管控指标和设施配套要求，作为建设项目实施管理的直接依据。部分规模较大的单元和重点地区，应在单元之下、地块之上划定街区，规模为30～50公顷，以街区作为地块详细规划编制的基本单位。

4.2.2.5　单元层面编制重点

单元详细规划的编制工作突出空间统筹，协调目标定位、规模总量、支撑系统的匹配关系，坚守底线约束，强化空间品质和地域特色的引导管控。其主要包括以下七方面内容。

（1）规模总量。

落实上位规划明确的约束指标传导要求，分析现状人口变化情况，利用大数据、问卷调查等技术手段深入研究单元人口构成和需求，研判现状情况和发展需求，依据单元承载能力，合理确定规划单元人口规模。

（2）空间布局。

①规划结构。落实上位规划的保护开发总体要求，衔接相关专项规划，统筹单元内部生态保护、重大设施与廊道控制、特色景观、新城建设以及老城更新等空间影响因素，加强产城融合，促进职住平衡，形成空间布局结构性方案。

②用地布局方案。在国土空间总体规划明确的用地布局方案上，优化细化详细规划用地布局方案。

③居住用地。结合单元住宅总量控制要求与用地潜力评价，明确保留、拆除以及新建住宅的用地规模、建筑面积。衔接相关专项规划和部门工作计划，提出老旧小区改造、城中村更新等居住环境改善的规划引导要求。

④公共管理与公共服务用地。落实上位规划和相关政策确定的教育、医疗卫生、文化、体育、社会福利、公共管理等公共服务设施配置要求，衔接相关专项规划确定的设施配套标准和布局方案，以《社区生活圈规划技术指南》为技术指导，结合《完整居住社区建设指南》，优化公共管理与公共服务用地布局。

⑤产业用地。落实国土空间总体规划管控要求，深度优化产业用地布局。

⑥绿地与开敞空间。落实国土空间总体规划及绿地系统专项规划确定

的生态环境保护目标和城市绿线,合理确定单元绿地总量和重要绿地、绿廊、广场布局,明确绿地、广场的规模、数量以及绿廊宽度。落实国土空间总体规划及城市蓝线专项规划等确定的城市蓝线,明确单元内蓝线管控要求、水面率控制要求,落实并细化优化滨水绿道建设、水系保护等专项规划确定的线性廊道管控要求。

⑦其他非建设用地。严格落实上位规划分解的耕地、林地、湿地及永久基本农田、生态公益林等保护任务,依据生态保护、生态修复、国土综合整治等相关专项规划,优化耕地、林地、湿地空间布局,明确各类非建设用地的管控规则。

(3)支撑系统。

①交通系统。落实国土空间总体规划及专项规划提出的区域交通设施、道路系统、公共交通、慢行交通、停车设施等交通网络与设施的规模、布局要求。

②公用设施。统筹地上和地下、传统和新型公用设施体系布局,合理测算各类公用设施需求量,明确给水、排水、供电、燃气、通信、环卫等工程的建设内容,提出控制要求,提出管线综合原则、目标和建议方案,加强公用设施用地管控,打造安全、韧性、绿色的市政基础设施体系。

③综合防灾。全面贯彻落实总体国家安全观,落实国土空间总体规划、专项规划相关要求,综合评估本单元面临的主要灾害风险及次生灾害,因地制宜进行风险影响评价,确定抗震、防洪排涝、消防、人防等工程防灾减灾基础设施类型、防护等级、位置规模、人均指标等内容,以及平战(灾)结合应急设施平时、战(灾)时转化的方式、功能和

标准。

（4）底线约束。

①"三区三线"。落实耕地和永久基本农田保护红线、生态保护红线和城镇开发边界线三条控制线。

②城市道路红线。落实国土空间总体规划、专项规划确定的交通网络与设施布局方案，确定各级城市道路的位置、宽度、控制点坐标等控制要求。

③城市绿线。落实国土空间总体规划、专项规划确定的绿地和开敞空间布局方案，明确公园绿地、防护绿地、广场的位置、数量规模、等级、面积、人均指标等控制要求。

④城市蓝线。落实国土空间总体规划、专项规划确定的城市蓝线，对接流域综合治理的相关要求，进一步明确蓝线范围及相关管控要求。单元内水体边界的调整不得降低规划水面率、不得影响生态价值发挥、不得影响防洪排涝。

⑤城市黄线。落实国土空间总体规划、专项规划确定的城市基础设施的类型、等级、位置和管控要求，明确邻避设施的布局方案、建设时序和防护要求，尽量避免和消除相关设施的影响。

⑥城市紫线。落实国土空间总体规划、专项规划确定的历史文化保护线范围及管控要求，明确单元内各类历史文化要素分布情况，提出相应的保护利用的目标和策略。鼓励通过调查研究，挖掘保护价值，增补新的历史文化保护要素，及时申报各类保护名录，并制定管控要求。

⑦其他控制线。落实国土空间总体规划、专项规划、地方政策确定的洪涝风险控制线、工业用地控制线和资源保护、净空保护、风险避让、河湖管理等控制线，增补其他需要保护或避让的控制线，并确定相应的管控要求。

（5）空间品质。

结合重点地区分类引导，加强对公园广场等城市公共空间、特色景观风貌、整体空间形态等方面的研究。划定包括对城市结构框架有重要影响作用的区域、具有特殊重要属性的功能片区、城市重要开敞空间以及城市重要历史文化区域等城市设计重点地区，根据重点地区类型特征，提出城市设计深化研究和相应图则编制要求。

（6）地域特色。

根据各单元实际情况与建设条件，可选择历史文化、地下空间、海绵城市、土地盘整、用地状态等管控内容。不涉及相应情况的可不编制此项内容。

（7）强制性内容。

单元详细规划强制性内容包括：用地构成、建设用地总规模、用地性质、经营性用地规模、总建筑量、公益性建筑量、经营性建筑量、强度分区、高度分区、支撑系统和底线约束等。其中，支撑系统包含重要公共管理与公共服务设施、重大交通设施、重大公用设施、重要线性工程、城市安全与综合防灾设施；底线约束包含上位规划确定的"三条控制线"、生态系统保护格局、历史文化保护线、城市结构性绿地和重要水域等管控要求，以及详细规划新增的城市控制线及管控要求。

4.2.2.6 地块层面编制要点

地块详细规划落实单元详细规划控制与引导要求，从以下五方面对单元详细规划进行深化和细化。

（1）深化用地布局。

细化落实单元规划的传导内容，核实土地权属，划定地块边界，确定地块编号，明确土地使用性质及其兼容性等用地功能控制要求，确定地块的人口容量，确定地块开发强度（容积率、建筑密度、建筑高度、绿地率等指标），明确交通出入口方位、禁止开口路段、机动车停车位（含充电桩停车位配置要求）、建筑后退红线距离、混合用地地块内不同功能比例等要求。其中地块用地性质、容积率、建筑密度、建筑高度、绿地率、机动车停车位指标为刚性控制内容。

（2）保障设施落地。

落实单元详细规划确定的各类独立占地公共服务设施、市政基础设施的用地规模和建设规模，细化明确用地边界及管控要求。确保设施不漏项、数量规模不减少、服务半径有保障、用地形态可实施。涉及公共服务设施、市政基础设施跨单元配置的情形，可在规划片区内进行平衡。

（3）加强交通管控。

落实单元详细规划确定的道路走向、红线宽度、交通设施数量及规模等要求，细化明确道路与各类设施的边界。遵照国家现行标准《城市道路工程设计规范》的有关规定执行。

（4）细化竖向及立体开发。

落实单元详细规划确定的地下空间及竖向规划管控要求，细化明确地下空间功能规模、地下空间布局、竖向标高等控制要求。遵照国家现行标准《城市地下空间规划标准》《城乡建设用地竖向规划规范》的有关规定执行。

（5）明确城市设计传导。

落实单元详细规划确定的城市设计管控要求，细化确定城市设计的控制性和引导性要求。

4.2.3 分类确定管控要求

依据城镇功能、特色风貌、城市更新潜力等方面的特点，在单元详细规划中确定的需要进行重点规划设计和管控的地区包括公共活动中心、交通枢纽区、滨水地区、临山地区、历史风貌区、城市更新重点区等。鼓励各地探索划定其他类型的重点地区。

（1）公共活动中心。

公共活动中心详细规划应以高效发挥综合城市职能为主要目标，结合近期重点建设项目开发需求及片区风貌控制要求，加强建筑高度、形体和界面的设计引导，鼓励功能混合和空间高效紧凑利用，鼓励建筑底层与街道空间的互动，构建以人为本、特点鲜明的公共空间系统。强化立体空间规划，充分利用地下空间进行建设，建立功能与交通系统的有机联系。

（2）交通枢纽区。

交通枢纽区详细规划以提升换乘效率、促进站城融合、提升城市形象为主要目标，提倡公交与步行优先以及地上地下空间一体化开发。统筹布局各类交通设施，精细化设计枢纽建筑以及站前空间，加强空间立体复合开发和景观界面营造，鼓励功能混合和空间复合利用。

（3）滨水地区。

滨水地区详细规划以塑造特色滨水空间、提升空间活力为主要目标，强化与相邻生态空间管控要求的衔接，优化滨水公共空间设计，打造生态修复和市民休闲的亮点空间。合理布局各类设施和公共空间，避免对水岸、植被、堤防等空间造成破坏，实现城市空间与滨水景观的融合、渗透。

（4）临山地区。

临山地区详细规划以保护自然山体、合理利用景观资源为主要目标，强化与相邻生态空间管控要求的衔接，集约节约利用土地，打造富有魅力的山城空间。宜采用有机松散、分片集中的布局，同时进行水平和垂直的双向建设管控，避免对山体景观的破坏，加强建筑轮廓线与山体空间形态的协调。优化慢行系统组织，促进登山步道与沿山开敞空间、观景设施的融合，形成丰富多样、步移景异的山地景观序列。

（5）历史风貌区。

历史风貌区详细规划以传承文脉、激发活力、有机更新为主要目标，深化细化关于建筑高度与风貌的管控要求。可统筹规划范围与内容，探索将历史文化街区保护规划与详细规划合并编制，依据详细规划进行管理。

（6）城市更新重点区。

城市更新重点区详细规划以重塑活力、改善民生为主要目标。深入挖掘更新地区特色资源，突出地方文化特色。注重整体空间格局的保护以及存量低效用地的更新带动，焕发地区活力。织补更新地区公共空间网络，通过渐进式的更新改造，实现空间品质的整体提升。

（7）其他重点地区。

各地可结合具体情况，结合流域治理、新城建设、城市更新、产城融合、城乡统筹、生态修复等要求，探索划定其他类型的重点地区，并编制相应的规划设计指引，具体内容可参照第3章等，主要包括底线管控、用地布局、综合交通规划、公共服务设施规划、绿地与开敞空间规划、市政公用设施和防灾设施规划等。

4.3　开发边界外详细规划编制路径

4.3.1　乡村地区单元详细规划编制路径

4.3.1.1　郊野单元详细规划

上海、南京、广州、武汉等城镇化水平较高的省市先后就郊野单元规划进行了创新性研究和规划实践，探索构建郊野单元规划的地位作用、内容框架和操作路径。经过多年的研究和实践，各地逐渐统一对郊野单元规划的认知。由原来普遍将郊野单元规划认定为非法定规划（规划研究或专项规划），转变成认定为法定规划（详细规划）。根据各地实践探索，郊野单元详细规划按照规划传导功能的不同可以分为管理单元和基本单元两个层级。作为组织编制规划和建设落地实施的主体，每个乡镇（街道）可结合区（县）国土空间总体规划（分区规划）和乡镇国土空间规划同步开展编制。

（1）管理单元层级详细规划编制重点。

管理单元层级详细规划承接上一级规划管控要求和战略需求，落实上一级国土空间总体规划（分区规划）所确定的单元功能定位、基本农田保护、生态保护、文化保护、基础设施"邻避"等各类管控传导要求。按照国土空间规划用地用海分类要求，要形成全域全地类的用地布局方案，需要加强城市设计和旅游发展引导，并将相关管控要求分解传导至基本单元，同时还要提出郊野地区零散建设用地地块开发管控通则。管理单元层级详细规划重点包括刚性管控、发展引导、空间布局、规划实施和规划传导五部分内容。

①刚性管控。刚性管控具体包括明确粮食安全、生态安全、文化保护、"邻避"防护四类刚性管控要素的边界和规模，提出各类空间管控要素的主要管控要求，形成"刚性管控要素图则"；同时根据上位规划，明确建设用地上限、永久基本农田保护总量、耕地保有量、生态保护红线面积等刚性管控要素的规模数量。

②发展引导。发展引导具体包括立足自身地理特征、生态环境、交通区位等资源禀赋和上级规划明确的功能定位，提出一二三产业融合的空间布局和发展引导；与镇村布局规划进行衔接，明确镇村体系，引导宅基地归并与集中；与相关专项规划衔接，明确道路交通及公共设施的规模和布

局，促进基础设施优化升级；保护和利用好历史文化资源，探索非物质文化遗产的活化传承，突出与山水资源结合的地域特色风貌，提出差异化的风貌引导策略。

③空间布局。空间布局具体包括提出管理单元整体空间结构，以土地综合整治为抓手，对郊野地区的耕地、园地、林地、草地、湿地、陆地水域等生态类用地以及农村宅基地、公共服务设施用地、产业用地、道路与交通设施用地等建设用地进行空间布局，用地方案做到全域全地类覆盖。

④规划实施。规划实施具体包括优化永久基本农田布局，明确保留、新增、减量的建设用地、经营性用地、公益性用地、工矿企业用地、宅基地、其他用地的规模和布局；明确生态修复、市政道路、公共服务、农房建设、土地整治等近期重点建设项目，促进规划实施。

⑤规划传导。规划传导具体包括各基本单元主导功能与规模管控、用地布局管控、各类控制线管控、各类设施管控以及城市设计引导等内容，管控要素通过图纸与表格两种方式统一呈现，图纸与表格表述内容应一致。

(2) 基本单元层级详细规划编制重点。

在严格遵循管理单元层级详细规划管控要求的基础上，结合基本单元实际情况，基本单元层级详细规划需要落实管理单元层级详细规划确定的规划人口和建设用地指标。通过加强用地策划，优化空间布局，明确建设用地现状保留、存量利用、规划新增等利用方式，给出规划建设用地（含宅基地、经营性用地和公益性用地）性质、强度、高度等开发指标，用以指导项目建设实施。

4.3.1.2 "多规合一"的实用性村庄规划

2019年,《自然资源部办公厅关于加强村庄规划促进乡村振兴的通知》指出,要整合村土地利用规划、村庄建设规划等乡村规划,实现土地利用规划、城乡规划等有机融合,编制"多规合一"的实用性村庄规划。同时鼓励探索规划"留白"机制。在"多规合一"、应编尽编的要求下,各地积极开展相关理论研究和编制探索。在理论研究方面,张京祥提出,"多规合一"的实用性村庄规划须因地制宜、精准规划,多视角激活村民的主体积极性。李保华指出,实用性规划要明确村庄国土空间用途管制规划和建设管控要求,为乡村补短板、办实事。在实践方面,各省市地区积极探索,均出台了村庄规划编制技术的规范与标准文件,基本上达成了一定的业界共识,即"多规合一"的实用性村庄规划,是落实五级国土空间总体规划和各种专项规划的最基层法定规划,也是实现"多规合一"的直接载体。

(1) 技术思路。

首先要立足全域,从现状出发,充分掌握当地自然资源、地形地貌、交通区位、历史人文、产业经济、建设情况、宅基地确权登记等,摸清"家底"。然后根据相关的政策和上位规划,按照村庄集聚提升、特色保护、城郊融合等不同类型,结合自身的诉求来判断发展趋势,谋划村庄的发展定位,包括优化村庄布局以及加强有关方面的支撑,形成近期建设实施的计划。最后针对其中的若干个村民点,按照修建性详细规划的深度要求,有针对性地进行居民点的详细设计。

(2) 编制重点。

村庄规划的内容可以分为村庄总体布局、设施配套、居民点建设以及近期建设规划四大板块（见图4-1）。

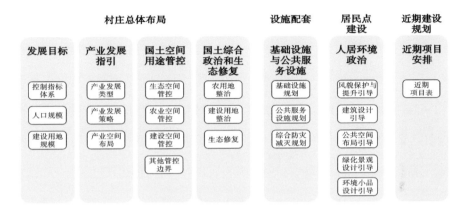

图4-1　村庄规划编制重点示意图

①村庄总体布局。围绕乡村振兴战略，依据上级规划，充分考虑人口资源环境条件和经济社会发展、人居环境整治等要求，合理确定村庄发展定位。研究制定村庄经济发展、国土空间开发保护、人居环境整治等方面的目标，明确村庄规划控制指标体系。合理预测人口规模和建设用地规模。按照一二三产业融合的发展思路，提出村庄产业发展类型、发展策略、空间布局等内容，并针对生态空间、农业空间、建设空间和其他管控边界分别提出管控要求。落实上级规划确定的国土空间综合整治目标和项目安排，明确农用地整治、建设用地整治、生态修复的类型与相关标准。

②设施配套。对区域性交通、给水、排水、电力电信、环境卫生等基础设施，按上级规划或专项规划要求落实。村级基础设施按实际服务人口规模合理配置。结合上级国土空间总体规划，按照实际服务人口，优化行政管理、终身教育、健康管理、为老服务、文化活动、体育健身、商业服

务等公共服务设施配套标准和用地布局。按相关技术要求，结合地质灾害易发区、矿产采空区、洪水淹没区、地震断裂带等自然灾害影响范围，提出综合防灾减灾的标准和措施。

③居民点建设。严格执行"一户一宅"制度，合理确定宅基地规模，在村庄建设边界内划定宅基地建设范围，确定户均宅基地面积标准、高度等内容。因地制宜布局建筑、道路、绿地等空间，明确居民点内部道路流线和路面宽度，并对居民点的风貌保护与提升、建筑设计、公共空间布局、绿化景观设计、环境小品设计等人居环境整治提出引导。

④近期建设规划。确定道路交通、基础设施和公共服务设施、农房建设、人居环境整治、国土综合整治、生态修复、产业发展等近期项目，合理安排实施时序，明确近期项目的位置、范围、建设规模、实施时间、投资规模和资金筹措方式等内容，形成近期项目表。

（3）成果提交。

村庄规划成果要体现实用性，要将成果简化，使老百姓能够看得懂。村庄规划成果分为技术成果和公示成果两类。

技术成果内容是"1+1+1"，即1文本（含表）+1图件（按需确定）+1规划数据库。这些是要向上级报备并进行备案的必备内容，对应的规划成果包括目标定位、用地布局、国土空间用途管制、耕地和永久基本农田保护、公共服务设施规划、道路交通规划、公共设施规划、防灾减灾规划和近期规划等。

公示成果内容是"1+1"，即公示成果要做到"一图读懂、一规引导"。"一图读懂"指图文介绍，内容应包括村庄建设边界线、公共服务设施、基础设施以及重点建设项目等具体空间安排，各类空间及其管制规则。管制规则包括各类国土空间管制要求、农房建设管理、村容村貌提升、乡风文明建设、乡村治理措施等内容。图文介绍应做到"通俗易懂、图文并茂"。"一规引导"指村规民约，内容应包括规划核心要求，如生态保护、耕地和永久基本农田保护、历史文化保护、建设空间管制、村庄安全和防灾减灾等。村规民约应做到"行文易懂、内容好记、管理可行"。

4.3.2 生态地区单元详细规划编制路径

生态地区单元划分后，可以一个或相邻的若干个生态单元为对象，根据全市生态空间保护修复的实际需求组织编制生态地区单元详细规划，生态地区单元虽然面积较大，但建设要素较为单一。在详细规划未全面覆盖之前，传统的"分区管控＋指标约束"的管控模式依然可以发挥作用。

（1）分区管控。

不同类型的单元分区可进行差异化管控，根据不同的管控要求明确单元详细规划编制重点，指导生态空间的精细化管理。

①生态保育单元。严格落实管控底线，控制建设及人为活动，加强对开发建设的控制和引导，侧重提出生态保护修复空间布局、工程建设内容，强化物种及环境保护，加强管护巡护、监测预警和保护标识警示设施建设。

②河湖湿地水安全单元。加强在土地空间用途、水环境保护、生态保护、水资源利用、水灾害防治、水体恢复控制、动物栖息地恢复控制、植

物恢复规划控制等方面提供规划指引。重点加强水源保护和污染控制，系统保护湖库岸带植被及生态系统，严格保护水源涵养林，系统推进水生态修复，加强水土环境治理，完善污水收集及净化处理设施、湖库水质监测设施设备建设。

③生态游憩单元。遵循生态保护优先、轻扰动、"微创式"开展游憩服务设施建设的原则，有限度地发展生态游憩和科普教育等功能，侧重景观保护与利用规划、旅游服务设施规划、游览交通规划、自然科普教育规划、生态修复规划等，避免与生态保护修复、生态游憩服务无关的建设或超标准建设。

④重要生态廊道单元。落实上位规划要求，衔接专项规划，侧重廊道走向、宽度、连通度等控制和用地布局控制，侧重自然生态格局和形态优化、生态休闲建设、生态保护修复、工程空间布局和建设。

⑤生产生活单元。可参照开发边界内详细规划编制，但要加强建设强度控制、风貌设计和设施完善，严格控制开发建设运营活动对周边生态环境的影响。

⑥服务保障单元。可参照开发边界内详细规划编制，但要加强选址布局，避免占用重要生态空间，加强建设强度控制和风貌设计，控制开发建设运营活动对周边生态环境的影响。

（2）指标管控。

生态地区单元指标体系应围绕保护管理目标，遵循可操作、可量化、可传导的原则，构建科学合理的指标，确保国土空间总体规划和相关专项规划的管控要求落实到位。同时，面向地块开展生态保护、修复与建设活动控制管理的定量约束，根据不同单元进行分级分类管控。以指标对自然资源(尤其是土地)的利用方式和开发强度做出规定。

在具体的指标内容与取值标准的选择上，为避免主观因素导致的随机性，应尽可能遵循"述而不作"原则，即参照现行规划控制体系及我国相关法律规范与技术标准体系内容进行选取，如参考《城市绿化规划建设指标的规定》《地表水环境质量标准》《生态县、生态市、生态省建设指标（修订稿）》等；在必要时，可依据生态学原理进行适当调整或改进。

深圳市在这方面做了先行探索，提出按照生态空间面积不减少、性质不改变、生态功能不降低、服务有提升的管理目标，确定选择管控指标的3个目标维度：生态空间规模维持、建设行为影响控制、生态功能质量提升。在此基础上，提出反映各目标维度的指标。在生态空间规模维持方面，结合国土空间规划管理及实施传导指标体系要求，设置生态保护红线面积、耕地保有量、林地保有量、湿地保有量等指标；在建设行为影响控制方面，综合建设类型、建设总量规模总体管控，引导实施生态环境友好形式，设置建设准入类型、建设用地比例上限、建筑高度上限、年径流总量控制率等指标；在生态功能质量提升方面，从水源涵养能力提升、水功能质量改善、野生动植物保护、森林质量修复与碳汇能力提升、生态游憩服务功能建设完善等方面，设置水源涵养量、二氧化碳固定量、森林覆盖率、游憩服务设施齐备度、游线密度等指标。深圳根据自身实际探索并形成了一套相对规范的技术方法和指标认定体系，有利于建立常态化的生态单元实施管理监测机制，为其他城市提供了有效的借鉴与参考。

面向空间治理的国土空间
详细规划实施路径

5.1 衔接主要实施体系

5.1.1 存量地区详细规划衔接"城市更新"实施体系

城市更新是存量地区详细规划的重要实施手段。存量地区详细规划是在保持建设用地总规模不变、城市空间不扩张的条件下，主要通过存量用地的盘活、优化、挖潜提升而实现城市发展的详细规划。存量地区详细规划重点关注土地利用方式的转变；城市更新关注城市建成环境的质量和效益提升，具有更广泛、丰富的经济和社会意义。

5.1.1.1 详细规划与城市更新的目标差异与实施困境

（1）详细规划与城市更新的目标差异。

国土空间详细规划重视国土空间全域全要素管控。《自然资源部关于加强国土空间详细规划工作的通知》指出，详细规划是实施国土空间用途管制和核发建设用地规划许可证、建设工程规划许可证、乡村建设规划许可证等城乡建设项目规划许可以及实施城乡开发建设、整治更新、保护修复活动的法定依据，是优化城乡空间结构、完善功能配置、激发发展活力的实施性政策工具。详细规划包括城镇开发边界内详细规划、城镇开发边界外村庄规划及风景名胜区详细规划等类型。

城市更新重视城市发展质量与城市功能运行。城市发展的全过程是一个不断更新、改造的新陈代谢过程。城市更新作为城市自我调节或受外力推动的机制存在于城市发展之中，其主要目的在于防止、阻止和消除城市的衰老（或衰退），通过结构与功能不断地相互适应和调节，增强城市整体机能，使之能够不断适应未来社会和经济发展的需要。在科学技术和人民物质文化生活水平不断提高的今天，伴随城镇化进程的加快，城市更新成为城市发展工作的重要组成部分，涉及内容日趋广泛，主要是面向改善人居环境、促进城市产业升级、提高城市功能、调整城市空间结构、改善城市环境、更新陈旧的物质设施、增强城市活力、传承文化传统、提升城市品质、保障和改善民生、推动社会和谐发展等长远的全局性目标。

（2）详细规划与城市更新的实施困境。

从目标来看，存量地区的国土空间详细规划与城市更新的目标存在一致性，两者都追求全局性发展质量提升；但也存在着部分差异，如国土空间详细规划作为审批工具，城市更新作为实施手段，其目标方向与实施导向存在天然差异。

①城市更新"局部发展"与详细规划"系统管控"视角的差异。城市更新规划具有多方参与、调整既存利益的特性，而详细规划具有政府主导、"终极蓝图"的特性，两者之间存在局部发展诉求视角与宏观调控视角的天然差异。然而城市更新规划作为典型的存量规划，当落实到实际项目特别是旧村庄、旧厂房全面改造类项目中时，往往会通过改变用地性质、提高容积率等手段来产生更多利益以平衡改造成本，从而成为针对存量用地的增量规划。

②城市更新的"不确定性"与详细规划"繁琐流程"的不适应。作为非法定规划，城市更新规划必须"转译"为以控制性详细规划为主的法定规划，才能得以有效实施。存量地区详细规划与城市更新实施的主

要困境在于规划编制技术内容过于烦琐，规划审批流程过于冗长，这在一定程度上阻碍了城市更新的正常开展。这也就提出了两个实际操作层面的问题：一是城市更新要通过怎样的程序和制度来纳入或调整法定规划；二是现行的法定规划体系如何适当增加弹性以适应存量时代的城市更新"新常态"。

5.1.1.2 详细规划与城市更新的技术融合

为了弥合详细规划与城市更新的差异，存量地区的城市更新与详细规划逐步从"叠加"走向"融合"趋势。部门改革之前，针对存量地区的城市更新规划主要作为专项规划存在于城乡规划编制体系中，城市更新规划与控制性详细规划是"叠加"关系。

部门改革后，广州、深圳、武汉等先进地区分别探索出了差异化的解决方式，来弥合城市更新与详细规划两者之间的鸿沟。

广州市探索出了一种特殊的单元详细规划，将城市更新专项规划与国土空间详细规划合一。2020年广州市印发的《广州市城市更新单元详细规划报批指引》和《广州市城市更新单元详细规划编制指引》明确指出，城市更新单元是国土空间详细规划单元的一种类型，以低效存量用地再开发利用（城市更新改造项目）为主，即鉴于"三旧"用地涉及复杂利益主体，将"三旧"地区的城市更新单元详细规划作为一种特殊的国土空间详细规划类型，提出相应的编制内容和审批要求。由于城市更新单元较特殊，涉及改造主体、政府、社会公众、合作企业等多方权益，情况复杂，其详细规划须统筹考虑多方面因素。除须按照国土空间详细规划的技术规范要求编制外,广州市城市更新单元详细规划增加了对接政策、面向实施的更加细化的内容,侧重规划的可实施性和利益平衡。

深圳市面向城市更新创新了"法定图则—规划实施方案"的详细规划分层管控制度,由实施方案直接指导城市更新。在详细规划层面,结合存量土地开发形势下法定图则改革需求,深圳市在原法定图则标准分区的基础上重新划定国土空间规划城镇单元,作为城镇开发边界内用于规划编制、管理、传导的基础空间单位和空间信息载体。并依托城镇单元创新了法定图则"编制到地块,管控到单元"的分类编制与管控方式,即法定图则确定城镇单元的主导功能、建筑增量、公共服务与交通设施、市政基础设施、蓝绿空间等刚性管控要求,针对存量用地原则上不规定具体地块容积率等地块控制指标。在法定图则刚性管控要求下,注重资源资产关系,依据低效用地开发政策编制城市更新、土地整备、旧住宅区更新改造等规划实施方案(即城市更新单元规划等),可在城镇单元范围内综合平衡建筑增量、道路布局、公共服务与交通市政设施位置等,对法定图则进行优化细化,形成详细实施安排,指导地块开发建设。

武汉市通过体制机制改革推动了自然资源部门与城乡建设管理部门的统一,实现了城市更新事权部门和国土空间详细规划管理事权部门统一。自然资源和城乡建设局的用地规划处负责组织城市更新及"三旧"改造规划的编制,拟定年度实施计划;国土空间规划处负责组织编制并监督实施国土空间总体规划、详细规划以及综合交通、地下空间等专项规划,使得详细规划与城市更新体系技术融合成部门内务,为形成系统化改革方案奠定了基础。

5.1.2 增量地区详细规划衔接"新城新区"实施体系

增量地区详细规划是建设用地总规模允许增长、城市空间范围允许拓展的详细规划。新城新区建设是增量地区详细规划的重要实施手段。

在土地财政转型的发展阶段，增量地区详细规划的主要桎梏与新城新区发展困境基本一致，主要是增长动能建构困境，具体包括以下几点。①城市发展与产业动能建立困难。在土地财政转型背景下，单纯依靠土地出让收入驱动城市发展的模式难以为继。如何在详细规划层面引导产业发展，培育城市内生增长动力，是一大挑战。②人口流量的"增量捕获"困难。伴随产业动能不足，新城新区对外来人口的吸引力有限，人口导入困难，进而影响城市活力不足、公共服务设施利用效率不高等问题。如何在详细规划层面通过满足人群需求的空间供给来吸引人口，是当前增量地区详细规划的一大挑战。③规划实施动力不足。规划实施主体多元化、市场化程度提高，但规划协调机制却相对滞后，规划实施动力不足，影响规划落地成效。

针对这些困境，增量地区详细规划可以从以下几个方面寻求突破。①创新规划编制理念，应用新兴城市建设理念与技术，打造"青年友好""儿童友好""全龄友好"的新城新区。合理确定人口密度，完善教育、医疗、养老等公共服务设施配置，营造宜居环境，增强人口集聚能力。通过公共服务提质增效，吸引人口落户。②构建多元主体参与的规划实施机制。加强政府部门间协同，鼓励社会力量参与，形成规划实施合力。完善规划监督评估机制，根据发展需求动态调整规划。③创新土地供应方式，补充实施资金来源。积极盘活新城新区资产，推广租赁、先租后让、混合供地等方式，为项目落地提供用地保障。积极吸引社会资本参与新城新区开发，拓宽资金筹措渠道。

5.1.3 村庄规划实施衔接乡村振兴实施体系

在全面乡村振兴背景下，村庄规划是乡村地区开展各项开发管理活动的重要政策工具，是实施乡村振兴战略的重要纲领；反过来说，乡村振兴战略实施平台是村庄规划实施的重要平台。

《自然资源部办公厅关于加强村庄规划促进乡村振兴的通知》提出，"要整合村土地利用规划、村庄建设规划等乡村规划，实现土地利用规划、城乡规划等有机融合，编制'多规合一'的实用性村庄规划。"村庄规划应以全面乡村振兴为战略目标，适应乡村发展的现实新需求，贯彻"以人为核心，以产为根本"的规划逻辑，通过充分衔接脱贫攻坚成果，搭建契合乡村振兴战略逻辑的规划编制路径，并在具体实践中立足于不同区域间发展不平衡、不充分的现状，有区别地、差异化地推动村庄规划分类编制，推进乡村地区高质量发展。

5.1.3.1 村庄规划与乡村振兴的衔接困境

（1）"规划传导"与"技术融合"困境。

村庄规划作为实施性的详细规划，应与上位的县（市、区）、镇（乡）的国土空间规划相衔接，但我国目前仍有众多地区的县级、镇级的国土空间规划编制工作尚未完成，这将导致上位规划要求难以准确落实，成为村庄规划编制工作的难点盲点。此外，村庄规划还应与乡村地区各类专项规划、建设性规划、经济发展规划等规划合理衔接，但目前国土空间规划传导体系尚未构建完善，乡村地区各类规划的内容传导存在衔接困难。

鉴于乡村空间具有社会复杂性和多元化，如何将不同的规划理念和规划技术进行协调融合，互相借鉴学习，是有效增强规划实用性的重要前提。另外，村庄规划作为乡村空间治理的重要抓手，规划领域的学科综合性、乡村空间的特殊性、规划技术手段的更新迭代以及新时期的政策要求都对村庄规划的技术团队的综合素质水平提出了很高的要求。

（2）"多重保护"与"乡村发展"协调困境。

如何协调好保护和发展的关系向来都是规划的难点，而在生活空间和生产空间复合性极强的乡村地区，发展与保护的矛盾冲突则更加尖锐复杂。

乡村地区承担着重要的耕地保护任务，村庄规划必须落实上位规划所确定的生态保护红线、永久基本农田保护红线、历史文化保护线等底线管控，细化分解约束性指标和要求。在全面乡村振兴背景下，乡村地区"发展"的强烈需求亟待正视，当前政策引导下，农村新型产业大量涌入，需要足够的建设用地空间予以保障，若固守消极的"保护"思维，无益于提升乡村吸引力和农民就业收入。乡村建设在实际中面临着土地审批难、项目落地难等现实问题，严重制约乡村发展合理的建设用地需求。从权益视角来看，规划权往往意味着发展权，农民集体和地方政府的规划事权差异巨大，农民集体的现实诉求在规划中难以完整表达。在建设用地总量控制条件下，农村农业的发展用地保障通常要给城市建设让步，用地指标分配难以坚持农村农业优先的原则。在乡村收缩发展的现状下，新时代的村庄规划应保障乡村产业发展用地的现实需求，合理优化国土空间布局，促进土地节约集约利用，达到村庄建设用地利用的质效齐升。

（3）规划蓝图"实施落地"困境。

我国乡村空间规划的实施率严重不足，导致村庄规划对乡村建设发展的指导效果极其有限。

首先，上位规划的指导性内容较少，多为战略性宏观指导，且重点关注在村庄分类、建设等级以及居民点布局等方面，缺乏区域资源的宏观统筹，易造成投资浪费。其次，传统城乡规划编制方法在乡村地区水土不服，乡村规划师难以真正下沉乡村、充分了解乡村特征，不适宜的规划方法不能切实解决乡村发展的实际问题。再次，基层政府作为规划管理主体，相关专业知识储备不足，难以真正理解规划成果，导致村庄规划方案的系统性落实效果较差。最后，乡村振兴战略和村庄规划的推动实施均需要大量财政资金支持，而部分地方政府财政资金紧张，乡村建设资金来源不足，吸引社会资本下乡虽然有一定的积极作用，能够提升乡村风貌建设，促进乡村产业经济发展，然而资本的本质是逐利性，极具竞争性和掠夺性，如何保障乡村社会公平正义，合理管控社会资本入侵，维护当地农民的资源性资产，也是影响乡村振兴战略发挥长远作用的关键所在。基于此认识，如何实现村庄规划与乡村振兴战略的阶段性同步和双向驱动，尚待展开差异化探讨。

5.1.3.2 村庄规划与乡村振兴的技术融合路径

(1) 构建"目标+问题"双导向的规划编制模式。

乡村地区是极具复杂性的空间系统，必须运用系统思维去深入解构乡村发展的现实困境，摸清自身家底。综合来看，乡村空间系统运行的影响因素分为内因和外因，内因包括人口、资源、经济、历史文化等方面，外因则包含治理水平、政策支撑、社会组织团体等，两者相互协同导致系统不断发生动态变化，进而形成乡村社会发展的不同格局。村庄规划需要综合分析乡村发展的各项影响因素，顺应乡村空间演变历史规律，合理评估现状发展潜力和制约性因素，在系统分析因素间的作用机制基础上，科学合理配置空间资源要素，奠定全面乡村振兴的规划支撑机制。实用性村庄规划编制应坚持因地制宜、因时制宜和因人制宜，遵循乡村振兴、生态文明、区域协调发展以及土地制度改革等政策方针，逐步探索构建"目标+问题"双导向的规划编制模式。村庄规划的目标制定应统筹考虑村庄现状基础、人口资源环境条件、社会经济发展、人居环境整治等各项因素，合理确立村庄定位和目标，落实上位规划各项刚性要求，细化落实约束性指标，明确国土空间开发保护目标，改善农村人居环境水平。在剖析乡村发展问题时，全面诊断乡村发展面临的关键短板，根据乡村振兴总体目标要求，突破过往仅关注"人口—土地—产业"三要素的思维局限，创新融入生态要素和文化要素，大力提升乡村发展的综合软实力。

(2) 建立完善的规划协同传导路径。

国土空间规划的刚性传导主要包括空间结构和空间形态，前者通过管控指标体系和强制性内容进行逐级传导，达到对下层规划的约束性及预期性要求；后者关注空间维度，采取"界线+分区"的方式对空间形态进行刚性管制，引导国土空间开发利用的合理布局。村庄规划作为法定规划，除了要与乡村地区各类专项规划进行良好衔接，还应严格落实县、乡镇级国土空间规划的编制要求，制定土地利用管控任务，明确永久基本农田面积、耕地保有量、生态保护红线面积、村庄建设边界规模等约束性指标，按照"刚性管控+弹性指引"的方式，因地制宜、分区分类地落实村庄规划主要任务。在当前国土空间规划体系重构的过渡时期，各层级规划编制的进展不一，当上位规划尚未完成时，要与已批示的其他规划进行合理衔接，如村庄建设规划、镇村布局规划、土地利用规划和美丽乡村规划等。暂无条件编制村庄规划的地区，可由乡镇来统筹安排村域内国土空间资源配置，在尊重村民意愿和村庄发展需求的前提下，在乡镇级国土空间总体规划中明确村庄用途管制规则和开发建设管理措施，以此作为乡村地区开展国土空间开发保护和各项建设活动的法定依据。

（3）制定实用有效的规划实施路径。

乡村振兴背景下的乡村空间复杂特征更加突出，这要求"多规合一"的村庄规划必然要突破以往对规划技术的过度关注，由侧重物质空间建设拓展至更多元维度，深入探究乡村背后的复杂经济社会问题。村庄规划要做到真正解决问题、落地实用，必须强化规划编制逻辑的实用性和有效性。

有效的村庄规划要做到刚性传导有效、规划组织有效和蓝图动态有效。实用性村庄规划的效果主要体现在国土空间分区分类的规划指标体系构建，进而有效承接上位规划目标，强化底线约束，细化落实规划指标。村庄规划编制内容应合理划分"城镇—乡村—自然"的三类空间，分别划定"城中村、城郊村、农业村、半自然村、自然村"的三区三线，再根据各类村庄的主导功能、空间格局、城乡关系等现状问题特征，制定针对性的约束指标以及弹性指标。在规划实施路径层面，强调突出"人"的主体地位，将村庄规划核心内容转化为多元主体的价值共识，驱动村庄建设由"无序"向"有序"转变，充分保留乡村地区的多元化和复合性的特征，从而深刻解析村庄规划的实用性内涵。

实际上，村庄发展历程是渐进变化而非静态的，法定的村庄规划必然面临着规划动态调整的需求，而有效的村庄规划编制模式应兼顾行政效率与市场效率，由"静态蓝图式"变为"动态陪伴式"，绘就引领乡村发展的空间规划蓝图，真正做到规划蓝图动态有效，规划成果统一管理。在保障公共利益的维度，村庄规划应充分尊重村民意愿，在保障村庄发展权公平正义基础上，协调均衡政府、市场和村民三者利益，协同多部门力量促进政策集成创新，最后建立与规划策略相融合的乡规民约，推动乡村空间治理组织有序。此外，推动"开门编规划"机制，乡村规划师需要真正下沉乡村，开展陪伴式村庄规划编制，通过充分细致的调研走访做到"眼中有数，心中有人"。

5.2　实施数字化转型

详细规划数字化转型是本轮国土空间规划改革中基础性、关键性和长远性的重要抓手，以往控制性详细规划在实际管理过程中受技术手段限制，管理模式静态单一粗放，存在规划底图底数不统一、规划成果标准不统一、审查审批效能不高、规划管理支撑体系不完善等问题。通过数字赋能，实现详细规划"评估—编制—审查—实施—监督"全生命周期闭环管理，逐步构建纵向可传导、评估可反馈、编管可协同、实施可监督的精细化详细规划管理模式。

加强详细规划体系建设和规划的数字化转型是构建详细规划编制运行模式的两个重要支撑基础。无论是城市更新带来的开发建设方式转变还是规划走向全域全要素管控，都需要处理更为复杂的权利主体关系，深化多规合一的行政体系改革，推进政策法规体系建设和规划运行规则的不断完善。加强规划体系的整体建设，特别应当强调将政策法规和管理条例作为推进详细规划工作的重要内容，积极创新规划管理方式，逐步建立完善的规划管理制度。

5.2.1 融入国土空间"一张图"，成为审批依据

5.2.1.1 构建数字底座，助力详细规划成果纳入信息平台

为响应综合运用互联网、大数据等新一代信息技术，推进国土空间全域全要素数字化和信息化的要求，加强法定规划成果的数字化、平台化转化，各地纷纷开展了详细规划数字化探索。

广州、深圳、上海创新了"转换工具"。广州深圳开展了详细规划

"一张图"平台建设，广州基于全市"一张图"平台，进一步开发了详细规划设计端—审查端—许可端—管理端的辅助工具；深圳结合各类信息化手段，探索了"总—详"传导实施监控、法定图则在线编制入库与管理、全域实施评估与监督等功能。这些城市的前沿探索为国土空间详细规划编制成果的数字化、平台化转化提供了参考方法与实现路径。上海市根据《上海市控制性详细规划成果规范（2020试行版）》，建立了入库成果质检功能，在平台上实现详细规划成果规范自动比对。控制性详细规划上报审批前，设计单位自行开展入库文件智能审查，通过后方可上报审批，确保入库文件的图文一致性和标准适应性。

厦门形成了"数据底座"样板。厦门按照"四统一"要求，不断夯实国土空间基础信息平台，拓展完善"一张图"系统功能应用，形成一个国土空间资源数据库与现状一张底图、规划一张蓝图、业务管理一张图、社会经济一张图相互融合的"一库四图"国土空间数据底座。厦门制定《厦门市国土空间规划"一张图"信息入库管理办法》等技术标准与规则，从详细规划层面保障国土空间规划"一张图"的准确性和现势性，为详细规划改革做深做实奠定坚实基础。

厦门统一了技术导则和数据标准。厦门制定了"1＋N"的国土空间详细规划编制导则，即《厦门市全域国土空间详细规划编制总则》和《厦门市城镇开发边界内详细规划编制导则》《厦门市村庄规划编制导则》《厦门市陆域特殊管控地区详细规划编制导则》等；制定了覆盖总体规划、专项规划、详细规划、村庄规划等类别的制图规范和数据标准。技术导则和数据标准是详细规划的基础工作，可根据单元类型精准实施详细规划管控措施，分层分类对详细规划进行标准化、数字化转译，逐步形成详细规划现状"一张底图"和规划"一张蓝图",并纳入"一张图"系统进行管理。

5.2.1.2 创新应用功能,推进详细规划全流程数字化治理

为提高详细规划管理时效,助力实现详细规划智能化管理,各地纷纷开展了详细规划数字化实践探索。

厦门市探索构建详细规划智慧管理应用。厦门市依托国土空间基础信息平台和"一张图"系统,开展适应空间治理需求的详细规划智慧管理应用建设,通过构建"纵向可传导、编管可协同、评估可反馈、实施可监督"的详细规划数字化管控模式,逐步实现详细规划数字化治理水平的提升。一是构建详细规划全流程数字化管控应用。厦门以全域全要素的详细规划"一张图"为基础,构建覆盖编制、审批、实施和监督的详细规划全流程数字化管控应用。其中,通过统一规划底板数据在线推送,确保规划编审管理全过程使用统一、权威的规划底板数据;通过打通详细规划各个环节,建设编制计划统筹、编制审批进度可视、调整在线推进、全程在线留痕等功能,实现编审管理的在线协同。二是探索建设数字赋能的实时监测评估预警应用。厦门市以详细规划监督实施管控规则和内容为依据,以点、线、面三大类空间要素为载体,运用数字化智能化技术开展"市域—分区—单元—地块"四个层次监测预警应用建设。其中,市域层面侧重对市域规模总量的实时监测预警,实现市域指标的综合评估和现状运行体征动态反馈;分区层面侧重对规模总量执行情况评估,为详细规划编制和修改提供参考;单元层面侧重流量管控和规划传导监测,对各项指标进行实时统计监测和及时预警,为单元内、单元间的空间统筹平衡和资源优化配

置提供数字化辅助支撑；地块层面侧重变化情况的动态监测预警，为单元、分区和市域等层面的指标展示及更新提供支撑。

上海市建立"大规划"系统，融合整合国土空间规划体系各层次、各类型的规划编制、管理、审查功能（见图5-1）。上海市构建了"评估—编制—审查—实施"的闭环管理流程。在规划评估板块，以国土空间规划指标体系和模型分析，建立现状运行体征与后续管理决策的动态反馈机制，实现规划实施评估到管理决策之间的连通；在规划编制板块，通过数据治理与应用优化实现主动服务，提升编制报审程序环节的完整性与成果质量的规范性，夯实国土空间数字大底层；在规划审查板块，重点通过机器服务及算法辅助实现业务流和数据流的同步，通过带图审批和全程规则转译强化审批管理的时效性与科学性；在规划实施板块，加强规划管理系统与项目及土地审批系统的衔接，通过建立空间要素管控层，明确管控要素的规则。

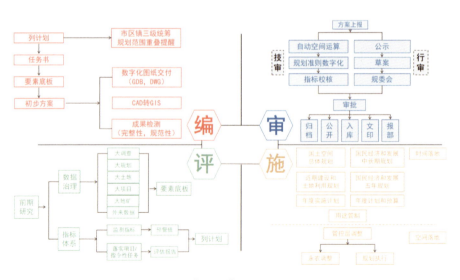

图5-1 上海市"大规划"系统全流程功能示意图

5.2.2 融入智慧城市 CIM，引导城市建设

5.2.2.1 详细规划成果融入 CIM 保障数据底座完整性

详细规划是城市信息模型的有机组成部分。针对国土空间规划改革，城市信息模型（CIM）基础平台可以形成法定规划与城市设计相结合、大数据与管理数据汇聚的数据底座，构建二三维一体化城市信息模型，基于多维数据时空联动可视化、多维规划数据分析、规划指标智能审查、规划方案合规性审查等应用，全面提升规划分析的科学性与规划方案的可行性，逐步实现传统规划向可感知、能学习、善治理和自适应的智慧型国土空间规划转变。

5.2.2.2 仿真模拟校核保障详细规划技术合理性

在国土空间规划编制中，可利用集成大数据的 CIM 基础平台对城市现状三维实景（地形、地貌、地质、水系等）、现状社会经济与地物（人口、经济、土地、房屋、交通、产业等）、法定规划管控数据（总体规划、详细规划、专项规划、城市设计、限建要素等）、地下空间数据（地下空间权属、综合管廊、市政管线等）等城市地理信息进行有效组织、精确分析以及动态的高仿真可视化管理。

在开发边界内存量地区的详细规划与城市更新规划编制过程中，CIM基础平台可以为城市更新专项规划编制全流程提供城市存量资源精准诊断与更新规划路径：依靠客观的数据库，靶向性评估结果，科学预测更新目标；支持项目全生命周期智慧化管理，打通规划、建设、管理的数据壁

垒，解决各管理环节碎片化与脱节问题；总结城市各片区城市更新工作经验与重点攻克难题，突出差异化的存量更新方针，优化传统规划，落实智慧更新规划。

在开发边界内增量地区的详细规划编制过程中，CIM基础平台可针对同一地块不同指标情景生成模型，并基于建筑高度渲染白模，提供一目了然的建筑高度与建筑密度空间直接感知结果；可以针对单元尺度不同的功能需求与空间供给需求情景，对建筑白模分类染色，提供一目了然的各类结构建筑分布，为后续的规划编制提供高仿真可视化数据支撑，辅助多方案选择决策；也可以基于不同的地块开发强度、出入口位置设置、交通路网方案情景，形成交通专项模拟，避免因地块分割与出入口设置不合理导致的交通拥堵。

在风景名胜区选址类决策情景中，CIM基础平台可以针对不同的项目初步设计方案，模拟视线分析感知结果，并进行相关地理统计；也可以针对不同的建筑风格，直接将建筑与构筑物模型纳入三维实景中，为风景名胜区项目选址与景观影响评价类决策提供更为直观的辅助支持。

5.2.3　融入社区与乡村平台，对接基层治理

5.2.3.1　数字乡村技术应用提升村庄规划与管理合理性

在村庄规划编制阶段，在前期调查分析、规划编制、规划实施管控到规划监督等过程中，信息技术和数字技术已成为村庄规划编制最为关键的

技术支持，应加强大数据技术在乡村规划中的应用，提高数字乡村平台对村庄规划编制的支持作用。

在"多规合一"背景下，村庄规划管理技术对多阶段数据融合提出了新要求，采用多阶段数据融合将推动乡村从规划向建设、运营阶段的全生命周期管理转变，从数据体系、分类统计、模块管理等多方面完善乡村综合信息数据库管理技术，力求通过新型规划技术处理好系统性规划与简单实用性需求的关系。

5.2.3.2 数字乡村平台使用提高参与式规划编制便捷性

在村庄规划评估、乡村建设评价等工作过程中，数字乡村平台使得全员全过程评价成为可能。例如，结合参与式规划构建"参与动机—参与过程—参与结果"的全过程评估框架，让乡村居民全程参与到评估评价过程中，数字乡村平台移动端应用的使用起到了有效的辅助作用。

另外，通过规划编制方法创新有效处理多元协同与发挥村民主体积极性之间的关系。将规划编制主体下沉到乡村，理解乡村、理解百姓需求、掌握多元主体构成等是编制实用型村庄规划的基础，由此也衍生了驻村规划师、责任规划师等新型乡村规划师，他们有望成为协同乡村多元利益的关键角色。

参与式规划是重塑乡村社会活力、共同缔造和谐乡村的新型规划方法，通过公共空间营造、激励制度的构建以及组建农村合作社等具体措施，引导群众参与到规划的多个环节中，促成各社会主体间联系的建立与发展共识的达成。

5.3　健全实施监督机制

5.3.1　国土空间详细规划实施监督内涵

国土空间详细规划实施监督的对象是"详细规划的实施"。这是一项社会性的事业，其过程的参与者包括各级政府及其部门、各行各业各类群体机构以及个人。从国土空间详细规划实施的全过程看，监督的内涵主要由三种类型组成。

（1）对国土空间详细规划审批行为的监督。

根据"谁组织编制、谁负责实施"和"谁审批、谁监管"的原则，各级政府有负责规划实施的职责，尽管具体的规划实施行为是由政府各类部门、各行各业各类群体机构及个人承担，但组织实施以及对实施进行管理与监督则是政府和规划主管部门的职责。在国土空间规划体系中，上层级的规划需要通过下层级的规划来实施，同一层级中的详细规划、相关专项规划都是对总体规划实施的安排，尤其是详细规划作为各类国土空间使用活动开展的法定依据，将直接规范具体的空间使用行为。因此，在国土空间规划分层级进行审批的体制下，为保障本层级规划的有效实施，就需要关注下层级规划的内容是否符合或贯彻本层级规划的要求和内容，这就需要对下级政府的规划审批进行监督。

（2）对各类国土空间使用项目的监督。

国土空间规划管控的对象是国土空间使用的变化，而国土空间使用变化大部分是通过各种类型的项目来实现的。这类项目不仅是指各种类型的开发建设项目，也包括土地综合整治、生态修复以及各种类型的保护性工程项目。这些项目是在投资人（政府、企业或个人）的推动下依照法定程序批准后实施的。这种实施行为以项目为单位，具有零星、分布式的特征，这不仅是指项目本身在空间使用类型或用地性质上是多种多样的，而且在空间分布上也具有散点式、随机分布的特征。即使是重大的项目或者占据较大规模空间范围的项目，相对于城市、乡村或者国土空间的尺度而言，在空间使用类型上也是相对比较单一的，在空间上也只是线状或者点状的，而且同时开展的项目之间往往是互不关联的。

空间使用项目的运行过程，大致可以划分为三个阶段：第一阶段是项目形成与审批阶段，包括项目策划、立项和批准等过程，这时空间实体本身并未发生变化，但对空间实体的改变会起到决定性的影响；第二阶段是项目实际实施开展阶段，也就是通常所说的项目开工后的建设或整治过程，这个阶段从一开始就是在改变既有的空间实体；第三阶段是项目完工的验收交付阶段，这时新的空间实体已经成形。

从国土空间规划实施监督来看，针对第一阶段的监督主要是对政府部门的监督，尤其是规划许可审批环节，其审批的结果不仅决定了改变空间构成的项目本身开展的合法性，而且也将直接决定之后的实际空间使用活动，因此，项目是否符合法定规划的内容及其意图，是否对其他法定规划或其他内容的实施产生影响等，对于规划实施至为重要。规划许可审批是由规划主管部门施行的，尽管其受内部规程和审批流程以及相关行政救济手段的约束，但就其对上位规划实施的影响而言，还应当受上级政府主管部门监督。针对第二、第三阶段的监督是对项目的实体性监督,即项目实施过程及其形成的结果与规划许可审批要求的符合度,依据"谁审批、谁监管"的原则,该事项应当由审批机关进行监督。

(3)对国土空间实际使用过程的监督。

在各类空间使用项目完成以后就进入空间的实际使用阶段,从国土空间规划全生命周期管理的要求出发,国土空间实际使用过程应该是规划实施监督的重要内容。空间使用是个长期的过程,也是实现规划效用的关键所在,规划中的所有安排都是根据实际使用的需要和要求进行的。此外,违法违规使用国土空间的行为也是在这种监督中才能被发现和处理。需要注意的是,从空间使用项目实施阶段进入空间实际使用阶段,其主体通常会发生变化,如城市住宅由开发商进行开发建设而由居民实际使用;土地综合整治或者生态修复项目通常由政府或企业组织实施,整治或修复后的使用者则是村民或者是另外的企业。由于这种主体间的转换,有关空间使用的规划条件或要求的全面、有效传递也应当成为规划实施管理和监督的重要环节。

这个阶段的监督重点在于国土空间的实际使用与规划规定内容的契合度。某个特定的空间有可能可以做多种使用,规划中可以设定一些容纳度或者兼容性,但也需要考虑对其主导功能的正常使用不产生负面影响或者对其后续使用不产生不利影响。不同的空间使用方式有着不同的外部性,有些空间使用会带动周边地区的变化,有些空间使用会导致环境污染等危害,也有些空间使用会对其本身及周边的配套设施的运行带来影响,如居住区内大量住宅改为办公或者商业使用,不仅会因大量外来人员的进出对居民的日常生活造成影响,还会因居民的大量减少导致该地区的幼托、小学等入学人口减少等。另外，由于空间使用是个长期的过程，其间受到多种社会经济和技术发展、区域格局或生产生活方式的改变以及技术、环境条件的变化等影响，就有可能发生空间使用方式的调整、改变等需求，这就需要进行适时的应对，在评估的基础上，通过调整、优化等方式方法及时完善规划内容，使其与实际发展状况和需要相适应，这也同样是规划实施监督的重要内容。

5.3.2 以体检与评估为主的常态化实施监督机制

详细规划实施评估是实施监督机制中的重要环节，是实现从实施监督到重大决策的关键转化环节。由于规划实施监督内容本身的多样性、规划实施监督的多层次性以及规划实施监督决策的不同要求，规划实施评估具有多种类型。按做出决策的类型区分，规划实施评估大致可以分为以下三种类型：存量地区详细规划实施评估、增量地区详细规划实施评估、市县村庄规划实施评估。

5.3.2.1 存量地区详细规划实施评估

存量地区详细规划实施评估，重点评估存量空间利用效能，包括土地利用效率评估、城市建成空间品质、城市更新与改造效果等方面，并结合评估结论提出规划修编建议、城市更新建议。

土地利用效率评估方面，重点评估存量地区内各类用地的容积率与建筑密度是否达到规划预期，结合人口密度与产业发展情况评判是否存在低效利用或过度开发的情况。

城市建成空间品质方面，评估存量地区内公共服务设施的布局、数量和质量是否满足居民需求，是否存在设施短缺或分布不均的情况。评估存量地区内的综合交通与市政设施是否存在问题，是否方便居民生活与出行。评估存量地区内绿地和开放空间的数量、质量和布局是否达到规划要求，是否有利于改善居民生活环境。评估存量地区内环境污染的治理情况，包括工业污染、生活污染等，是否得到有效控制。

城市更新与改造效果方面，结合城市更新区域的改造进度、改造质量和居民满意度，综合评判城市更新与改造效果。

5.3.2.2 增量地区详细规划实施评估

增量地区详细规划实施评估，重点评估经济、社会、土地、生态、设施建设等增量空间建设发展进度。

（1）经济方面，重点评估增量地区内经济增长速度和产业发展情况是否达到规划预期，是否形成了具有竞争力的产业集群。

（2）社会方面，评估增量地区内人口增长速度和就业情况是否实现了规划目标，是否有效吸纳了周边地区的人口和劳动力。

（3）土地方面，结合增量地区内土地供应情况与使用情况，评估增量地区内空间布局和功能分区的合理性，是否有利于形成功能完善、布局合理的城市新区。

（4）生态方面，评估增量地区内生态环境保护情况，包括绿地系统、水系保护等，是否实现了生态优先、绿色发展的目标。评估增量地区内资源节约和循环利用情况，包括绿色建筑、水资源利用等，是否实现了资源的高效利用和循环利用，是否符合绿色发展预期目标。

（5）设施建设方面，评估增量地区内交通基础设施的建设情况，包括道路、桥梁、轨道交通等，是否形成了便捷高效的交通网络。评估增量地区内市政基础设施的建设情况，包括供水、排水、供电、供气等，是否满足居民生活和产业发展的需求。

5.3.2.3 市县村庄规划实施评估

市县村庄规划实施评估是市县层面制定村庄规划编制计划、指导村庄规划编制实施的重要依据。

部分省份要求对已编制的村庄规划开展评估，评估重点包括但不限于规划范围、规划内容、编制和审批程序。市县村庄规划实施评估要求在梳理乡村发展特征及规划编制情况的基础上，从市县或区域整体层面评估村庄规划编制和实施情况，对规划的工作推进机制、专项流量使用能效、规划编制内容评估、规划实施成效评估以及社会公众参与等进行全方位评估。分析总结村庄规划支持乡村振兴工作的成效，寻找规划编制和实施过程中存在的问题，针对村庄规划编制实施提出改进策略。

5.3.3 数字化技术赋能的详细规划实施监督方式

对于指导项目建设的详细规划来说，只有明晰编制与管理各阶段的工作流程、审查要点、管理要求，才能确保规划的规范性。

5.3.3.1 体征监测、动态体检,将城市运行问题作为详细规划优化依据

(1)基于体征监测的感知方式。数字化技术赋能的城市问题感知平台,为实时、全面发现城市运行问题提供了可能性,而城市运行问题又可以作为详细规划实施改进与规划优化调整的重要依据。例如,上海市在国内率先发布了"上海城市运行数字体征1.0版",广州市发布了"穗智管"城市运行管理平台,西安市建设了城市实时体检评估平台,宁波市打造了"一网感知"城市运行体征系统,为城市运行问题发现、系统性解决措施制定、连带性规划修编提供了有力支撑。

(2)基于动态体检的评价机制。多源时空大数据、丰富的地理空间分析方法以及社会公众对空间规划关注度的提升,都为动态精准的国土空间规划评估提供了有力支持。新时代的国土空间规划评估应将传统的指标体系法、GIS 分析法以及社会影响调查法等融合,在充分考虑物质空间与人类空间的基础上,以动态更新、种类丰富的多源时空大数据为支撑,基于大数据分析、空间分析、人工智能等技术方法,构建耦合人类活动和自然环境作用的综合评价模型体系,进而科学客观、精准智能地实现国土空间规划现状评估与实施评估。在基础支撑分析方法上,以空间分析以及专项主题分析为主,前者通过叠加分析、插值分析、空间自相关分析等手段支撑各类空间评估模型的构建与运算;后者则主要以情感分析、社会网络分析、图片分析等支撑对人类活动情感、规律的分析。在评估模型上,以两大分析方法为基础,根据国土空间详细规划编制重点内容,构建涵盖人口、交通、产业、用地、环境等多个维度的规

划评估模型，从而实现对国土空间详细规划实施进度与成效的全面评估。

5.3.3.2 智慧监测、违规预警，实现国土空间详细规划实施与违规感知

（1）智慧监测，实现详细规划实施状况迅速反映。通过空间信息感知手段采集多源时空大数据，并基于此构建应用分析模型，最终实现对自然空间或人类活动状态、规律的监测。其中，国土空间信息智能提取模型是以随机森林、支持向量机等机器学习算法以及卷积神经网络、全卷积网络、生成式对抗网络等深度学习算法为支撑，通过对遥感影像纹理、特征的学习训练，进而具备精准识别地表要素的能力，从而辅助自然资源与国土空间要素的快速监测。而对于城乡运行体征监测模型，其更多是通过对海量人类活动与城乡运行数据的综合分析与挖掘，运用空间分析、语义分析、对比分析等手段，实现对人类活动空间规律、变化趋势特征的识别分析。总体而言，构建融合多源时空大数据的空间信息动态感知与快速识别模型体系，是实现国土空间规划智慧监测的必要前提。

（2）违规预警，筑牢国土空间刚性底线保护管控。国土空间规划预警是以当下监测数据、评估结果等为依据，实现对违反国土空间开发保护利用要求行为的预警，通过事前预判与防御，阻止破坏国土空间安全的现象发生。总体上，通过耦合各类机器学习与深度学习算法，构建以土地利用变化模拟为代表的国土空间多情景模拟模型。一方面，它可以支撑生态保护红线、永久基本农田保护红线等重要控制线的管控预警；另一方面，相

关分析模拟结果也可用于辅助国土空间规划约束性指标、资源开发利用限制的趋势预警，结合国土空间规划监测信息，构建相应的预警规则，进而对国土空间开发强度、土地资源利用压力等指标和内容变化进行严格的管控，从而更好地辅助国土空间用途管制与底线管控。

面向空间治理的国土空间详细规划编制和实施实践

6.1 先行地区工作思路与方法

详细规划是"多规合一"改革的关键,而北京、上海、广州等地作为国土空间规划体系改革的先行先试地区,对于国土空间详细规划编制和实施的实践探索也一直走在全国前列。

6.1.1 北京市:构建"时空统筹、编管一体"的详细规划运行体系

2017年,《北京城市总体规划(2016年—2035年)》获得党中央、国务院的批复,标志着北京成为全国第一个减量发展的超大城市。随后,党中央和国务院陆续批复了北京城市副中心控制性详细规划、首都功能核心区控制性详细规划,逐步构建起北京规划的"四梁八柱",为北京高质量发展、高水平治理提供了高位指引。目前北京已经探索形成了一套从总体规划到分区规划再到控制性详细规划的国土空间规划传导体系,同时在每一个规划层级都探索构建了从规划编制到规划实施再到监督保障的全周期闭环空间治理模式。这一系列措施的实施,使得北京的城市规划和国土空间规划工作更加系统化、科学化和精细化,为北京的可持续发展奠定了坚实基础。结合北京减量背景和存量特点,聚焦存量地区,北京市详细规划工作确立了以街区为单元、以存量建筑为主体、以功能环境提升为导向的实践路径。

(1)夯实底数、分类定向引导。

北京市结合《北京市城市更新专项规划（北京市"十四五"时期城市更新规划）》，在全市1371个街区管控范围内，划定了178个存量街区。通过叠加空间和人口数据，对这些存量街区进行了深入剖析，形成了全市存量街区的画像（见图6-1）。这一工作旨在通过刻画空间与人口特征，分析存量街区的更新潜力，并提出相应的引导措施。通过对存量街区的微观特征与更新需求的深入剖析，北京市得以更加全面地了解每个街区的情况，包括现状、问题和潜力。这为未来的城市更新工作提供了重要的参考和依据，为构建高质量发展的新格局提供了有效的空间载体，也为实现城市更新和发展提供了有力支持。

图6-1　北京市存量街区画像示意图

（2）以点带面、明确工作路径。

北京市充分发挥规划的统筹引领作用，以存量街区为单元，注重自下而上的组织策划，将昌平回天地区街区详细规划作为样板，与基层治理相结合，针对存量地区的特点，探索"清单式"和"菜单式"的工作模式。在规划方面，北京市将注重以存量街区为单元进行规划，充分考虑每个街区的特点和需求，制定具体的控规方案。同时，结合基层治理，将规划与实际治理相结合，使规划更加贴近实际情况，更具可操作性和可实施性。在实施方面，北京市将按照"规划加策划、策划转行动、行动推项目"的城市更新实施框架，持续推动规划生成项目清单。同时，结合实施滚动集成更新任务和项目,使城市更新工作从一次性的规划转变为长期动态跟踪推进,实现了规划与实施的有机结合。

(3)分类施策、聚焦实施导向。

在总结提炼昌平回天地区经验的基础上,分类施策、聚焦实施导向。亦庄新城核心地区工业用地占比近一半,整体实施率近九成,是典型的以工业功能为主导的存量地区。该区域存量控规编制过程中,针对工业存量地区特点,坚持以目标和问题为导向,聚焦产业升级发展,在"清单式""菜单式"工作模式的基础上,制定适用于工业存量地区的工作清单,绘制"工业地图",精细匹配用地,通过"指标池"合理投放规模,结合防疫分区加强城市韧性与安全,探索形成"规划+规则"的规划实施框架,通过制度和政策创新,切实推进制造业转型升级,为存量工业地区探索创新发展路径。

6.1.2 上海市:强化"目标(指标)—策略—机制"的详细规划逻辑框架

2017年,《上海市城市总体规划(2017—2035年)》的发布是上海详细规划转型的一个重大契机。为贯彻落实中央文件精神和自然资源部工作要求,上海制定了《中共上海市委 上海市人民政府关于建立上海市国土空间规划体系并监督实施的意见》,将国土空间规划体系在空间维度上分为总体规划、单元规划、详细规划三个规划层次,明确强化控制性详细规划的实施导向,促进城市有机更新。近年来,上海统筹"一张图"与空间规划体系,坚持"一张蓝图干到底",通过"一张图"管理实现顶层做全规划、中层做细计划、底层做实项目的总体要求。在国土空间规划体系的传导中，在统一管理要求、统一技术标准、加强信息化支撑的前提下，上海市在坚持详细规划科学性和权威性不变、可操作性和精细化管理要求不变的原则下，按照服务发展的要求，加强市区一体，以实施为导向推进详细规划进一步提质增效；基于"编—审—施—评"闭环体系，提出详细规划管理优化、实现市区协同、共推规划制定实施的具体做法。

（1）市区一体推进详细规划编制。

详细规划编制以区为主，市区协同。详细规划统一由相关区政府、市规划资源局组织编制，报市政府审批（见图6-2）。按照规划服务发展的要求，紧密衔接区域发展和项目落地需求，充分发挥各区规划资源局工作优势和积极性，市规划资源局加强服务和指导，形成有利于操作的分工协作机制。

图6-2 市区一体推进详细规划编制分工图

在符合法定要求的前提下，详细规划编制审批程序由"三阶段九环节"精简为任务书制定、意见征询、市规委会审议、审批四个环节。精简环节的原则和目的如下。一是抓住重点环节，重点抓好一头一尾，进一步强化任务书制定要求，延续审批环节严格管理要求，依托上位规划的完善和智能审查技术精简原规程中规划评估和技术审查工作。二是依托信息化手段，实现全程无纸化、不见面审批，市区协同落实"云受理、云共商、云征询、云审批、云监督"工作要求，主要包括以下几个方面：智能化开展申领基础要素底板；通过行政协助平台向相关部门征求意见，提高效率；批后实现自动文印、自动入库、自动公开等功能。三是"能并不串"，鼓励公示期间同步开展意见征询、市规委会审议等工作；鼓励规划编制期间同步明确土地出让计划、开展建筑方案研究，提高全周期效率。

（2）市区统一标准开展详细规划智能审查。

坚持详细规划落实上位规划和技术准则的要求不变，详细规划编制衔接单元规划和总体规划，严守人口、用地、生态、安全四条底线。基于统一标准和信息化系统支撑，优化技术审查工作市区事权，一般项目以区为主开展技术审查，重点项目由市规划编审中心组织开展技术审查。市规划资源局牵头形成统一技术标准，下发各区，参照开展技术审查工作。通过"大规划"系统智能辅助审查功能，有力保障上位规划指标要求在下位规划落实。市区统一标准开展详细规划智能审查示意图如图6-3所示。

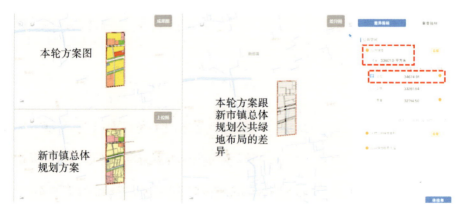

图6-3　市区统一标准开展详细规划智能审查示意图

(3) 加强详细规划向实施的传导。

充分发挥各区对接实施主体的工作优势和积极性，对接项目实施需求，以区为主，市局指导，开展城市设计全覆盖、多元主体共同参与详细规划编制、详细规划实施深化等工作。

①推进城市设计全覆盖。落实详细规划服务发展的导向，优化管控方式，对接开发需求，推进城市设计实施按照"以设计定高度、以高度定强度、以强度换空间、以空间促品质"的总体导向，全面加强城市设计工作，提升上海详细规划编制科学性和精细化水平，实现高品质规划、高质量管理、高水平实施。将附加图则编制作为管控土地出让的手段，一级重点地区必须通过结合市场需求，研究实施方案的方法，编制附加图则，指导土地出让工作。详细规划图则内容示意图如图6-4所示。

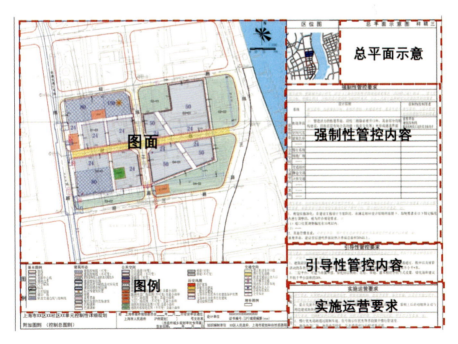

图6-4 详细规划图则内容示意图

②坚持"开门做规划"。鼓励各区邀请市场企业、园区等多元主体共同参与编制规划，同步开展建筑方案研究。实现"找到好人家、打造好作品、赢得好效应"，同时通过机制将规划、建设、实施、运营有效衔接，保障高标准规划得到高品质实施。

③加强规划弹性适应，明确规划实施深化程序。坚持规划管理底线，详细规划批准后，对于符合规划导向、指标变化适度的实施需求实行弹性控制，在建设项目管理阶段，以区为主，通过专家、专业部门论证等方式予以确定。通过实施深化程序，鼓励高质量利用土地、保障公益、支持产业发展，2020年上海市印发了《上海市详细规划实施深化管理规定》，针对公共服务设施类、产业类、基础设施类项目加大了适用范围和幅度。

（4）多维度评估详细规划编制和详细规划实施。

①详细规划编制评估。一是开展详细规划编制效率评估。实时依托"大规划"系统，云监督详细规划推进效率。季度、年度开展各区规划推进情况评估，通过市区一体交流调研会、工作联系单等方式提醒各区注意详细规划编制效率。二是开展详细规划编制质量评估。市规划编审中心从事中审查转向事前服务、事后评估，针对问题形成指导性的文件并定期对各区和设计单位开展培训，保证在提高效率的同时，更有针对性地提高规划质量。

②详细规划实施评估。一是土地出让前详细规划实施评估。聚焦公益、衔接实施，按照《上海市控制性详细规划技术准则》《上海市15分钟社区生活圈规划导则》，各区在经营性地块出让前开展土地出让前规划实施评估工作，补充公共空间和公共服务设施的实施短板。二是详细规

划动态监测评估。市规划资源局会同市政府有关部门每三年或每五年对规划实施情况开展评估，编制评估报告。依据实时监测和实施评估情况启动下层次规划深化细化等工作，自上而下对详细规划提出优化完善要求。

6.1.3　广州市：深化总详传导，探索全域管控，创新实施机制

立足于新时期国土空间详细规划的改革导向，广州通过优化完善详细规划编制与管控模式，积极探索建立强化规划传导、加强全域管控、尊重市场规律、面向实施管理的详细规划制度，不断提升规划治理水平。

（1）强传导，强化总详联动传导机制。

①构建详细规划分层编制管理体系。为落实国家、部省关于健全规划实施传导机制的工作要求，广州提出"单元—地块"详细规划分层体系。其中，单元详细规划是承接国土空间总体规划要求、开展地块详细规划编制管理的依据。单元结合15分钟社区生活圈规模，形成用地面积2~4平方千米、人口规模3万~10万人的空间范围。单元详细规划以区级国土空间总体规划确定的组团为编制范围，以组团指引作为编制依据。单元规划承担了总体规划"目标性要求"与详细规划"指标性管控"的转译桥梁，为地块详细规划编制管理提供了可实操、可检验、可校核的指引要求，破解了过去总体规划与详细规划之间管控尺度差异大、传导路径不畅的问题。总体规划和详细规划传导示意图如图6-5所示。

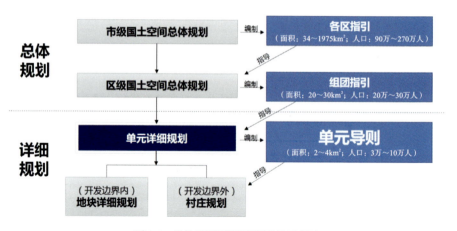

图6-5 总体规划和详细规划传导示意图

②结合精准评估有序推进现行控规优化。广州在基本实现控制性详细规划全覆盖的情况下,按照"尊重现实、分步评估、有序优化"的思路,有序开展现行控规评估,保障"新总规"与"旧控规"之间的顺利衔接。评估工作重点从符合性、支撑性、适应性、实施性四个方面开展。其中,重点评估现行控规对总体规划确定的底线要素、重大设施的符合情况以及对城市近期重点项目的支撑情况,查摆现行控规与国土空间总体规划核心要素的矛盾冲突。结合评估结果,以单元为单位有序推进详细规划合理优化。在单元层面制定问题清单,区分总详矛盾冲突的紧急程度,实行差异化处理方式。涉及总体规划核心要素的,优先纳入近期详细规划编制计划,率先启动详细规划优化调整工作。

(2)优空间,探索详细规划编制模式优化。

①刚弹一体,建立近远结合的详细规划编制管理模式。单元详细规划立足远期发展目标,通过指标、功能区、实线、虚线以及点位等差异化管控方式,强化底线要素、规模结构与民生公益设施管控,刚性传导国土空间总体规划要求。同时,建立单元规划指标统筹机制,实现规划指标与管

控要求在单元内动态平衡，提升市场配置要素的管控弹性。地块详细规划响应近期开发需求，按照单元总体管控要求，深化与土地开发管理全流程的结合，并针对公益性用地、产业用地、其他经营性用地提出差异化的管控指标要求，充分提高规划的适应性。

②城乡一体，推动详细规划全域全要素覆盖。结合土地用途分区要求，将城镇开发边界内详细规划单元划分为一般城镇单元、重点发展单元、城市更新单元、历史保护单元、战略留白单元5类，将城镇开发边界外地区划分为农业农村单元和生态景观单元（见图6-6）。不同类型单元按照其要素特点及管控需求，实行差异化的详细规划管控指标及编制要求，促进全域谋划的高质量发展。其中，城镇开发边界内单元建立"通则式＋特色化"的管控方式。聚焦提升城市空间精细化与品质化，通过明确差异化管控要点的方式，促进不同地区高品质规划、高质量管理、高水平实施。城镇开发边界外农业农村单元结合土地全域整治、生态修复等工作，推动乡村群统筹发展。

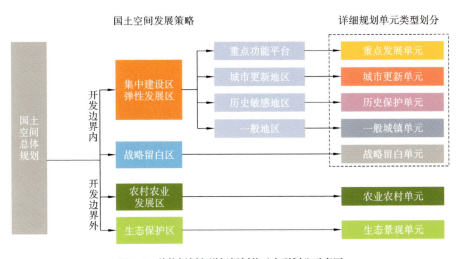

图6-6 总体规划和详细规划单元类型划分示意图

③增存一体，推动存量地区高品质与精细化管理。广州着力推进存量地区精细化治理，健全城市更新单元规划管理制度，相继出台了城市更新"1+6"系列技术文件，赋能存量地区高质量发展。城市更新单元统筹存量地区双评价、城市设计、历史保护、土地整备等技术内容，强调存量发展背景下更新地区的责任目标，保障重大基础设施与民生设施建设，保障重点功能区与重点产业项目落地。

（3）重治理，健全详细规划实施管理制度设计。

①深入衔接规划管理与行政事权。为实现规划编制管理与政府行政事权充分对接，在镇街范围内结合村居边界、产业园区、社会管理网格等行政管理、社会管理边界进行单元划分。通过强化单元与行政辖区的协同，为详细规划提供责、权、利相匹配的实施基础，保障详细规划实施落地。

②建立详细规划"规建管用监"一体化管理制度。探索建立详细规划"一年一体检、五年一评估"制度。基于规划单元，以镇街为主体，健全评估数据收集制度，支撑开展详细规划实施管理的动态监测与定期评估，将其作为下一年度制定详细规划编制计划重要依据，构建"规建管用监"闭环管理机制。

③健全详细规划全流程配套管理政策。为保障国土空间详细规划工作部署，广州组织编制《广州市城镇开发边界内国土空间详细规划编制指引（建议稿）》，明确新时期详细规划编制的工作重点。在此基础上，进一步开展包括详细规划单元划分、详细规划评估、详细规划管理协调等专题指引制定工作，优化详细规划全流程制度设计。

6.2　城镇开发边界内详细规划实践案例

6.2.1　城市更新地区实践：广州五龙岗、黄边片区城市更新单元详细规划

五龙岗片区更新单元位于广州市白云区钟落潭镇北部，是白云区发展战略"一园一城一示范区"中广州市民营科技产业园的主要组成部分。南邻美丽健康产业园，西靠空港经济区，北至流溪河，东接广州职教城，邻近钟落潭镇中心区及京珠高速新广从路出入口，距白云国际机场约10千米，新广从路及地铁14号线东西向穿过更新单元，并有14号线钟落潭地铁站点，规划范围约136.63公顷。黄边片区位于广州设计之都西部，是设计之都三期的重要组成部分。北至华南快速，南至白云三线，东至规划云城西北延线，西至106国道，西有在建地铁14号线穿过，东有现状地铁2号线黄边站，规划范围约120.15公顷。

五龙岗、黄边片区为广州本地的中低收入者和外来人口提供了大量经济适用型住宅，为解决居民的居住问题发挥了重要作用。作为典型的存量地区，五龙岗、黄边片区存在居住比重偏高、公共服务配套缺乏、停车困难、通勤交通拥堵严重等问题，百姓期待改善民生的愿望和呼声非常强烈。

6.2.1.1　规划编制特点

更新地区的规划，服务对象相对明确，居民对生活条件改善的需求是优化规划布局的重要依据。规划应着重体现居民意愿、解决居民问题、保

障居民利益，同时还应贯彻各级各部门对区域发展的指导要求，因此是自下而上与自上而下相结合的过程。

五龙岗、黄边片区城市更新单元详细规划发挥责任规划师"陪伴式"服务优势，发放千余份问卷调查，召开90余次座谈会，听民意问需求，收集2万余条相关意见，形成"需求清单"，并总结形成"开车不堵、地铁不挤、雨天不淹、办事不等、就近有就业就诊、有地儿下棋聊天、有地儿跑步遛弯、有地儿停车"的"愿景清单"。同时，以大数据为支撑，整合跨部门政务数据、跨领域社会数据，通过自上而下的综合体检评估，构建对地区的精准认知，形成集8大类24小类问题的"问题清单"，聚焦"地区公共服务设施短缺突出、交通体系尚不完善、市政设施支撑不足、空间品质有待提升、职住分离现象严重"5大核心问题。通过自下而上的"需求清单"与自上而下的"问题清单"相结合，聚焦百姓关切，以此作为规划调整结构、优化功能、提升品质的重要依据。

6.2.1.2 规划编制内容

（1）注重导入优势产业，推进产城融合。五龙岗片区更新单元周边已落地多个美妆智造与生物医药项目，规划方案将全面落实产城融合发展理念，提供约85万平方米产业空间载体，致力于美妆智造、生物医药等特色产业的高附加值生产环节，加强产业链前端研发与后端市场延伸，构建生产配套、生活配套和综合服务三大功能体系，满足周边产业园区居住配套诉求，实现产业发展、城市建设和人口集聚相互促进、融合发展。黄边片区更新单元详细规划方案延续广州设计之都的总体定位，提供约75万平方米产业建设量，通过前沿设计的创新赋能和应用示范，强化设计引领作用,布局智慧楼宇、智慧教育、无界零售、智慧社区4大应用场景,支撑粤港澳大湾区规模最大的设计产业集群建设。

(2) 注重增加公共服务配套,提升公共服务均等化水平。五龙岗、黄边片区更新单元范围内分别配置202、203处公共服务及市政公用设施,合计居住类公共设施302处和产业类公共设施103处,包括4处区域统筹级设施和10处街道级独立用地设施,如学校、青少年宫、图书馆、变电站等。五龙岗、黄边片区更新单元范围内公共服务设施建设量占居住总建设量比例分别达12.32%、15.5%。其中黄边村改造范围内公共服务市政、道路交通、绿地用地面积占比高达55%。

(3) 实施减量规划,塑造高品质商住空间。黄边村改造范围较现状"减量抽疏",拆建比为1:0.96,结合村民意愿、产业发展等需求,未来建设为环境优美、配套齐全的现代岭南居住小区,将大大改善居住环境;同时通过更新改造,进一步提高村集体物业的规模和质量,将实现集体收益飞跃提升。广州五龙岗、黄边片区城市更新单元详细规划用地规划图如图6-7所示。

图6-7 广州五龙岗、黄边片区城市更新单元详细规划用地规划图

（4）赓续历史文脉，保护文化遗产。严格落实历史文化保护要求，活化利用历史文化资源。五龙岗片区原址保护4处区登记保护文物单位、2处历史建筑、1处推荐保留建筑，保留历史环境要素，并结合中部3公顷公园建设，重塑"前塘后祠"的风水格局，延续历史肌理，鼓励传承本地制作芋头糕技艺和舞狮传统。黄边片区原址保护2处区登记保护文物单位、3处历史环境要素，鼓励传承本地醒狮、上灯以及白大床等传统习俗。

（5）强化生态底线管控，落实树木保护要求。五龙岗、黄边片区更新单元内合计4处连片成林绿地，分别呈带状、块状分布，结合规划公园落实保护，减少对连片绿地的占用。2株古树名木原址保护，48株古树后续资源通过优化路网及用地布局最大限度避让。

（6）搭建有活力、有文化的公共开敞空间。五龙岗片区更新单元详细规划形成"双核一廊一带"的空间结构，以TOD综合开发强化城镇中心功能，通过空中连廊串联周边，构建遮阳避雨的步行通道系统，既强化交通功能，又提升站点周边公共空间形象，围绕保留祠堂和民居打造社区公共文化。黄边片区更新单元详细规划延续广州设计之都中央云谷公园及"十"字绿轴空间结构，打造"七大功能组团、六大设计节点"。两个规划方案均通过清晰一体的空间框架，以及富有层次、极具韵律感的天际轮廓线，提高地区空间识别度，完善立体绿化、城市降温等措施，打造多维城市"冷界面"，降低城市热岛效应，美化居民生活环境。

（7）优化片区内部道路交通，营造便捷慢行系统。五龙岗、黄边片区更新单元详细规划充分衔接区域干道网络，优化骨架道路、加密路网，并落实集约节约理念，深入研究周边对外立交形式，提出路网同步建设要求，满足未来更新改造协同要求；同时结合地铁站点和公共空间，构建不同类型的活力便捷步行系统，特别加强地铁站与各功能组团的联系，满足不同人群的活动需求。

（8）合理利用规划节余，优先配置政策性住房。五龙岗村、黄边村规划节余约4万平方米和3.4万平方米，由政府统筹，优先用于保障项目实施、补齐区域公共服务设施短板、配置政策性住房、组合实施老旧小区微改造项目等。复建安置区鼓励在征求村民、村集体经济组织意见基础上，配置中小户型租赁住房，解决外来人口、低收入人群的住房需求，助力完善住房保障体系和培育住房租赁市场健康发展。

6.2.2　重点开发新区实践：北京大兴国际机场临空经济区详细规划

北京大兴国际机场临空经济区涉及京冀两地，位于京津冀区域以及北京中心城区、北京城市副中心河北雄安新区的地理中心，同时位于北京南中轴延长线上。围绕机场规划建设北京大兴国际机场临空经济区是重要的国家战略，是充分发挥北京大兴国际机场大型国际航空枢纽的辐射作用、协同建设国家发展的一个新的动力源的需要，对于推动京津冀协同发展、落实北京"四个中心"定位、优化京津冀世界级城市群发展格局，具有十分重要的意义。

《北京大兴国际机场临空经济区（北京部分）控制性详细规划（街区层面）》编制工作立足于保障北京大兴国际机场建设运营以及实现临空经济区的战略定位，遵循临空发展规律，科学配置各类资源要素，紧密围绕对接中心城区功能疏解，着力提升北京国际交往中心功能，辐射带动周边地区转型升级，努力打造北京发展的新引擎、京津冀协同发展的新高地，建设国际交往门户区、创新开放引领区、和谐宜居实践区、港城融合示范区。

6.2.2.1 规划编制特点

详细规划的编制和实施在城市重点发展新区的空间建设和社会经济发展中扮演了重要的角色。一方面，重点发展区域详细规划的编制应该注重前瞻研究，注重近期需求，有序择要编制。除满足法定规划的必然要求外，始终注重远和近两个时间点。通过前瞻性规划研究在重大战略、问题和方案上为详细规划的编制凝聚了共识。而近期优先编制和更新交通、市政等城市支撑体系相关规划，有效撬动城市运营的基础投资和价值提升。另一方面，重点发展区域详细规划应当理念适度超前，技术保持先进，规划语言简明。得益于新区较高的发展定位和规划管理者较高的专业素养，新区各项规划的编制中注重选取高水平的规划设计机构，总体上规划理念较为超前，技术水平总体较高，走在了国内规划编制的前列。

6.2.2.2 规划编制内容

（1）综合考虑机场起降区、噪声区以及铁路、高速公路、高压走廊等限制因素，突出生态发展理念，引导临空经济区分组团有序发展，形成"两区、三心、多组团"的空间结构。临空经济区东侧为礼贤片区，西侧为榆垡片区。合理避让机场起降区、噪声区以及高压走廊等限制因素，以铁路、高速公路等为界线，规划东西两个城镇集中建设区。

（2）落实人口规模，优化人口结构。合理确定人口规模，到2035年临空经济区常住人口规模控制在27万人左右。优化人口结构，促进本地居民就地工作，有序推进本地农村人口城镇化，合理保障航空职员就地居住需求，充分吸引人才集聚。在常住人口控制规模的基础上，考虑远期实际服务人口的合理需求，提供三大设施空间保障；同时，作为城市新建地区，适度超前布局设施空间，满足全区的统筹保障要求。

（3）统筹优化生产、生活、生态用地结构。合理控制生产空间，最大限度保障居住空间，充分预留生态、公共服务设施与基础设施空间，到2035年临空经济区职住用地比例约为1∶1.2。统筹周边区域用地，在总体管控区(北京部分)范围内实现职住用地比例约为1∶2。在提高居住用地占比的基础上，积极探索针对本地产业人口定向供应的住房政策，加强住房的定向投放，进一步优化职住关系。

（4）划定战略留白，预留弹性发展空间。为国家级及市级重大项目、未来重大技术变革等预留充足空间，结合大兴区整体发展要求，将礼贤片区中轴沿线、榆垡片区机场起降沿线等区域约15平方千米划定为战略留白地区，该地区面积占临空经济区总用地面积的30%左右。战略留白范围内的规划土地使用功能为引导性内容，可结合战略留白用地启动时的具体建设要求做进一步优化；后续结合战略留白用地管理办法，进一步优化相关规划建设管理工作。

（5）落实建筑规模，促进土地集约高效利用。落实建设用地与建筑规模"双控"，统筹考虑资源环境承载能力与整体发展要求，加强建筑规模管控。加强建设时序管控，在总建筑规模中控制弹性预留空间，为承接首都功能、保障重点项目建设预留条件。后续根据实际发展建设需要，结合分区规划，进一步在大兴区各规划单元内进行动态管理。

北京大兴国际机场临空经济区详细规划空间结构图和鸟瞰效果图如图6-8所示。

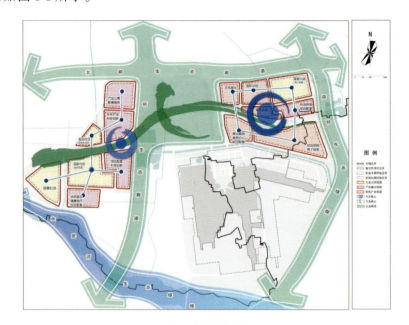

（a）空间结构图

（b）鸟瞰效果图

图6-8　北京大兴国际机场临空经济区详细规划空间结构图和鸟瞰效果图

6.2.3 中心城区实践：北京朝阳区东坝西区CY00-1101、1102街区控制性详细规划

东坝西区位于朝阳区东北部、东五环外，属中心城区东坝边缘集团，规划范围内长期保持村庄形态，集体建设用地无序蔓延，对地区原生态空间侵占较大，区域内未形成道路干网系统、缺乏大型市政基础设施。2015年，《北京市城市轨道交通第二期建设规划（2015—2021年）》获国家发展和改革委员会批复。2016年，为保障轨道工程总体建设进度、统筹解决东坝西区城市化问题，朝阳区人民政府正式组织开展东坝西区的整体规划建设工作。东坝西区开展了5家联合体参与的城市设计方案征集。2017年，在对三个优胜方案进行综合、深化基础上，继续深化东坝西区城市设计及一体化设计等工作。

在此基础上，朝阳区人民政府开展《朝阳区东坝西区CY00-1101、1102街区控制性详细规划》编制工作，定位该规划区为城轨融合、幸福宜居示范区，通过轨道交通带动城市发展，以商业商务、居住及配套为主导功能。

6.2.3.1 规划编制特点

（1）减量提质，落实总体规划、分区规划要求，实现地区规划减量和人口、建设规模双控。积极推进规划实施，疏解腾退非首都功能，优化提升首都功能，切实实现疏解减量、提质发展。

（2）城轨融合，利用轨道交通带动城市化发展契机，通过地铁车辆段

与综合开发、轨道站点与周边用地的一体化规划建设，实现城市建设与轨道交通的融合发展，提高公共交通对城市功能的支撑、保障与服务能力，塑造高品质城轨融合示范区。

（3）幸福宜居，高质量建设基础教育、医疗、养老、文化、体育等公共服务设施和市政、交通、城市安全设施，实现职住均衡，促进绿色便捷出行，建成具有国际化特色的城市门户区域，对接服务第四使馆区。

（4）水绿绕城，依托东坝西区相对丰富的历史文化遗存，结合坝河、北小河生态景观廊道建设，规划建设高品质绿色空间，形成东坝地区生态绿心。

（5）城乡统筹，解决东坝地区城市化遗留问题，为东坝乡东风村、后街村和西北门村3村拆迁农民的安居乐业奠定良好基础。

6.2.3.2 规划编制内容

（1）坚持生态优先原则，规划形成"一心两带，一段两点三组团"的空间结构，构建规划区内"大疏大密"空间布局。

①"一心两带"为区域生态基底。"一心"为规划东坝中央公园，并结合水绿空间就近布置文体等休闲功能，构成整个东坝边缘集团绿心。"两带"为坝河滨水绿带和北小河滨水绿带，依托河道与滨水绿地形成生态廊道，并向周边功能区延伸，形成区域级绿色廊道。

②"一段两点三组团"为主要建设空间，建筑规模集中于轨道站点周边及车辆段综合开发用地空间。"一段"为轨道交通M3线、M12线车辆段，利用车辆段上盖及落地区进行综合开发，在满足轨道交通功能基础

上，以居住功能为主。"两点"为轨道交通东风站和北岗子站周边用地，站点周边地块进行一体化高强度建设，以商业商务功能为主。"三组团"分别为规划中学组团（以基础教育功能为主）、安置房组团（以居住功能为主）和商品房组团（以居住功能为主）。

（2）通过建筑规模管控与强度分区传导。规划车辆段综合开发用地容积率整体约为1.42；保障房用地容积率为2.5～2.8。可结合具体设计方案，在各部分居住总建筑规模不增加的前提下，对各居住地块容积率进一步调整优化。规划商业用地均位于地铁站点周边，容积率为3.4～4.5；可结合具体建设项目和设计方案，在总建筑规模不突破的前提下，对各地块建筑规模进行统筹调配。规划多功能用地容积率为2.4～2.5。规划三大设施用地容积率在满足使用功能前提下，按照相应规范要求确定。

（3）通过整体空间形态与高度分区传导。依托轨道交通东风站、北岗子站构成地区两大高点，站点周边商业地块建筑高度按100米控制。其中，北岗子站地块为由五环路进入东坝地区的门户，东风站周边地块与东侧中心公园呼应，规划形成100米高度节点。规划车辆段综合开发用地、商品房用地建筑高度按80米控制，安置房用地建筑高度按6～80米控制。幼儿园建筑高度按16米控制（若布置于车辆段上盖上，其建筑高度计入车辆段上盖自身高度后，按30米控制），小学建筑高度按21米控制，中学建筑高度按25米控制。其他用地按照用地功能，依据相应规范要求确定相应建筑高度。

东坝西区CY00-1101、1102街区控制性详细规划高度分区示意图如图6-9所示。

图6-9　东坝西区CY00-1101、1102街区控制性详细规划高度分区示意图

6.3　城镇开发边界外详细规划实践案例

6.3.1　郊野单元实践：上海金山区廊下镇郊野单元村庄规划

在城市开发边界外的乡村地区，按照实际需要编制郊野单元村庄规划。目前郊野单元规划经历了从1.0版到4.0版的演进，实现了由专项规划向综合性详细规划的转变。其中3.0版诞生于"上海2035"批复阶段，与镇总体规划同步编制，采取"镇域单元＋多村庄整体编制"的方式，基本确定了全市乡村地区的规划布局，解决了刚性传导与全覆盖的问题，落实了近期建设项目空间和用途管制要求，构建了乡村详细规划数据库"一张图"，为后续乡村高质量发展和精细化治理提供了支撑。

2019年底全国启动全域土地综合整治试点工作，廊下镇作为上海远郊都市绿色现代农业发展的标杆，于2020年被纳入本市首批两个试点之一。在此背景下，按照《中共上海市委 上海市人民政府关于建立上海市国土空间规划体系并监督实施的意见》中村庄规划编制和用途管制的要求，需要积极探索"有行动的规划"工作新路径。本规划在已批郊野单元村庄规划基础上结合全域土地综合整治要求进行深化优化，划定整治区域，提出整治目标和任务，整合项目和资金，安排全域土地综合整治行动，以指导乡村建设，激发产业活力，提升土地价值，从而使廊下镇成为上海展示土地整治和跨界治理成效的样板区域，促进乡村地区全面振兴。

规划范围为廊下镇行政辖区以内、城市开发边界以外的范围，用地面积约43.03平方千米。规划共涉及12个行政村，包括中联村、中丰村、友好村、中民村、中华村、南塘村、山塘村、南陆村、光明村全部，以及景阳村、勇敢村、万春村部分。

6.3.1.1 规划编制特点

（1）积极推进全域国土综合整治。整治区域位于金山区廊下镇，包含光明村及万春村、勇敢村部分区域，区域东至镇界、南至山塘河、西至黄泥泾、北至镇界，总面积为709.72公顷。项目区主要涉及农用地整治、建设用地整治、生态保护与修复以及乡村产业配套相关工程，规划通过建设用地复垦和农用地整理新增耕地面积70.72公顷，同步优化永久基本农田布局。上海金山区廊下镇郊野单元村庄规划土地综合整治区域范围图如图6-10所示。

图6-10　上海金山区廊下镇郊野单元村庄规划土地综合整治区域范围图

（2）合理有序布局村庄。综合考虑上位规划要求、村庄发展条件和镇村意愿，优化完善城市开发边界外村庄布局，因地制宜引导农户向保留（保护）村归并。规划形成"5E＋3E'＋3X＋14Y"的镇村体系。规划新增5处城镇集中安置区（E点），位于镇区漕廊公路以北区域；新增3处城市开发边界外的集中上楼点（E'点），2处位于勇敢村，1处位于景阳村；新增3处城市开发边界外的集中归并点（X点），全部位于勇敢村；对中华村、山塘村整体保留提升，另保留中民村、南陆村、南塘村等若干现状宅基地分布较为集中、靠近镇区的自然村落。

（3）构建乡村生活圈。镇级公共服务设施基本满足目前实际需求，重点增加村级公共文化设施用地。重点围绕山塘村、中华村、勇敢村、景阳村集中配置满足村民日常基本要求的公共服务设施和公共活动场所。规划撤并村原则上不新增公共服务设施。上海金山区廊下镇郊野单元村庄规划公共服务设施的服务范围示意图如图6-11所示。

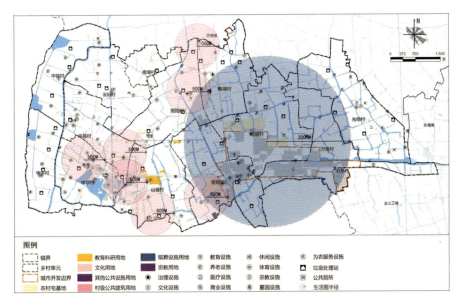

图6-11 上海金山区廊下镇郊野单元村庄规划公共服务设施的服务范围示意图

（4）调整河道蓝线。在落实水面率要求的前提下，对河道蓝线专项规划进行局部调整，利用中华村奥运草坪规划大型湖泊，综合提升郊野公园的景观环境和周边的游憩价值，同时提高水系连通性及水体质量。根据"三调"，规划范围内现状河湖水面总规模为370.59公顷，河湖水面率为8.61%。本次规划河道蓝线内河湖水面规模共计450.51公顷，河湖水面率为10.47%。

6.3.1.2 规划编制内容

（1）以"花果厨房、廊下飘香"为愿景，依托独特的教育、科创、人才和市场优势，做强蔬菜生产和食品加工产业，支撑金山"三个百里"的"百里菜园"发展，使廊下镇作为"田园五镇"农业产业协同的龙头，结合金山中部、杭州湾北部生态绿色农业的展示窗口，打造超大城市远郊生态农业强镇的典型代表，促进其资源要素辐射全国，链接全球。

（2）围绕"蘑菇小镇、田园中厅、湾区食谷"三个分目标，建设卓越的全球城市远郊地区的生态农业型特色小镇，彰显农业特色，融入文化元素，兼具旅游功能，打造国际农业技术交流中心和全国农业研发推广基地。规划形成"一核两叶，三蔓四片"的整体空间结构。

①一核：提升镇区综合服务能力与服务能级，完善镇区公共服务职能，强化对乡村地区的辐射带动。

②两叶：沿漕廊公路轴向发展，镇区向西为郊野公园综合旅游服务区，向东为健康食品产业园区。

③三蔓：朱平公路生态效应蔓、金廊公路社会效应蔓、金石公路经济效应蔓。

④四区：自西向东为生态涵养林片区、高标准农田片区、设施菜田片区、经济果林片区。

其中，中华村和山塘村定位为长三角"田园五镇"乡村振兴先行区，以现代农业为基础，以农旅休闲为特色，是具有江南水乡风情的大都市远郊村庄。山塘村定位为"一桥两山塘"的历史文化村落。中华村打造为全球城市未来乡村样板村。

上海金山区廊下镇郊野单元村庄规划空间结构和分区示意图如图6-12所示。

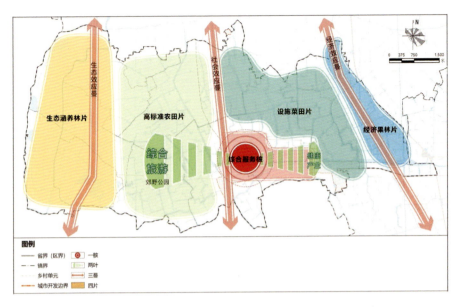

图6-12 上海金山区廊下镇郊野单元村庄规划空间结构和分区示意图

6.3.2 生态地区实践：厦门东坪山片区详细规划

厦门东坪山片区是鼓浪屿-万石山风景名胜区的组成部分。鼓浪屿-万石山风景名胜区为国家级风景名胜区，集休闲度假、旅游观光、科普教育、历史文化承载等功能于一体，以独特的历史文化、山海相融的景观特色闻名。鼓浪屿-万石山风景名胜区总面积为246.88平方千米，包含陆域和海域两大部分，其中陆域包括万石山景区、鼓浪屿景区和其他陆域。东坪山片区位于万石山景区内，总面积为13.83平方千米，约占鼓浪屿-万石山风景名胜区陆域部分面积的41.88%。

鼓浪屿-万石山风景名胜区位于厦门老城区，是国内少有的位于城市中心的国家级风景名胜区。在景城发展状况上，鼓浪屿-万石山风景名胜区的景城融合较好，属于景城融合型风景名胜区。因此，厦门东坪山片区详细规划既要满足景区生态环境、景观资源保护的要求，又要衔接城区发展需要，满足市民的休闲游憩及游客的游赏体验等需求。生态文明理念为东坪山片区景城融合型风景名胜区实现保护发展的多维目标和系统规划提供了有效指引。

6.3.2.1 规划编制特点

生态保护优先是生态地区详细规划的重要基础，是一切开发建设的基础和前提。在此基础上，实现生态保护区域与适度开发区域在功能、交通、服务设施、景观风貌等方面的有机融合，促进人与自然的和谐发展，是生态地区详细规划的核心内容。因此，详细规划应遵循以生态保护为纲的基本原则，深入分析区域的生态价值和经济价值，坚持"绿水青山就是金山银山"的生态文明理念，在维持基本生态功能的前提下，以环境容量定开发，以综合评价划区域，在生态保护中谋求经济发展。遵循全域全要素"多规合一"和国土空间管控的思路，从生态保育出发，统筹不同用地标准，明确山、水、林、田的用地边界；从生态优先的角度出发，重点考虑生态保育，严格保护耕地，对建设规模适当做减法；合理确定土地利用强度，控制和统筹配置开发容量及旅游项目。

6.3.2.2 规划编制内容

对接城区功能布局，优化景区功能结构。规划注重景区与城区功能的融合衔接，将东坪山片区定位为厦门城市中心最大的"生态景区、休闲客厅、旅游目的地"；以山海观光、文化旅游、科教体验及乡村休闲等为主导功能，形成"依托周边、串联体系、弹性发展"的功能提升策略；依托周边万石植物园、大厝山、黄厝、曾厝垵等片区，提升景区的游赏服务功能，满足民众需求；通过山海步道串联景区配套设施，形成完整体系，实现弹性发展。厦门东坪山片区详细规划景城空间结构和功能结构图如图6-13所示。

图6-13　厦门东坪山片区详细规划景城空间结构和功能结构图

规划形成"一核、两心、三片"的总体结构：以龟岭景群为主，构建生态绿核；规划东坪山、东山两个旅游服务中心；确定云顶观日、金榜钓矶、上李探幽三大片区。规划在景区设置9个功能区，包括体验观光区、生态游览区及观光游览区三种类型。其中，体验观光区以闽南文化体验及旅游服务配套为主，设置文化体验、民宿、餐饮服务等体验服务项目；生态游览区以自然生态为主要特征，设置对环境影响较小的休闲游赏项目，如登高眺望、森林浴等；观光游览区以文化主题观赏和自然景观游览为主，兼顾城市公园功能。

科学评价景源景点，加强文化景观保护。规划结合东坪山片区风景资源的具体性质和特点，拟定评价指标体系。考虑到风景名胜区内的开发和建设与风景资源矛盾突出的现状，评价体系适当提高了"景源价值""环境水平"等综合评价层的权重，突出了景观完整性和生态平衡的重要性。

规划制定景区的分类保护措施，将景区划分为风景保育区、风景游览区、风景恢复区和发展控制区四类（见图6-14）。风景保育区指需要重点恢复、抚育和涵养的核心景区；风景游览区指景点、景群等风景游赏对象集中地；风景恢复区指一般林地，是风景名胜区生态保育的基础，仅允许步道和点状小型游览设施建设；发展控制区包括村庄公共服务设施用地、大型旅游服务设施用地及其他建设用地。

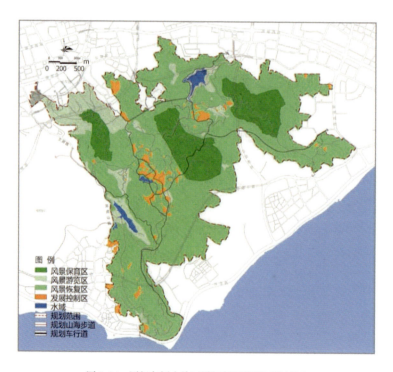

图6-14　厦门东坪山片区详细规划控制区分区图

规划制定景区的分级保护措施，将景区划分为三级保护区（见图

6-15)。一级保护区为严格禁止建设范围,主要为风景资源价值高,对人类活动较为敏感,为保护生物多样性及生态环境而划定的特殊保护区,包括东坪山、观音山、云顶岩等景区内的主要山体制高点及主要轮廓控制线。二级保护区为严格限制建设范围,包括未纳入一级保护区、100米等高线以上的曾山、金寨山等大部分山体。三级保护区为一级、二级保护区外的其他区域,包括风景名胜区与城市建设区之间的缓冲防护区,以及内部两个村庄。

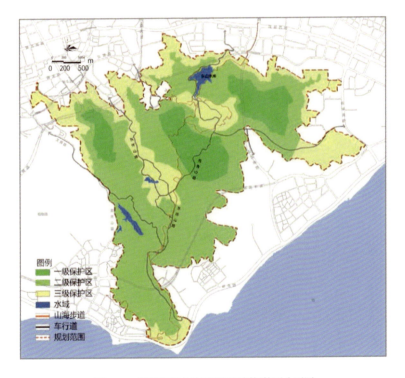

图6-15　厦门东坪山片区详细规划保护区分区图

先策划后规划,优化风景游赏体系。通过分析市场需求、城区旅游线路布局等,策划景区的游览线路及开展产品多专题研究,提出生态文旅目标,策划与文化底蕴相契合的棋文化园、茶文化博物馆、森林图书馆等特色游览设施。规划统筹景区保护和旅游,以东山社为旅游服务中心,规划景群和旅游线路,提升游赏体验。其中,根据景点分布的空间关系与景观特征,规划6大景群:基本建成的金榜钓矶景群、上李探幽景群,建设完善的云顶观日景群、禅意灵秀景群,规划新建的东山水库景群、东山望海景群。根据景点特征及分布,规划4条不同主题的游线,分别为自然胜景游赏线、休闲观光游赏线、文化体验游赏线和山海步道游赏线。同时,规划梳理制高点视廊,构成景区高点,让游客可以俯瞰景区全貌;规划梳理观海视廊,在山头及岩石建设观景平台,供游客观赏海景及远眺。厦门东坪山片区详细规划景点、景群分布示意图如图6-16所示。

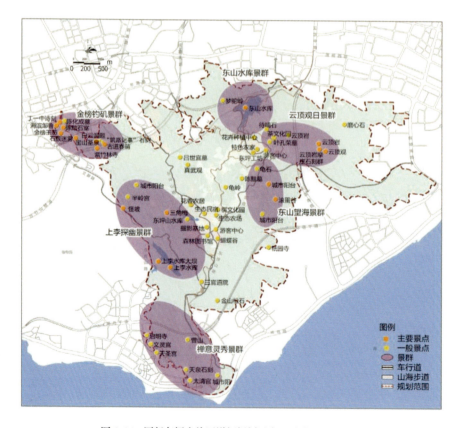

图6-16 厦门东坪山片区详细规划景点、景群分布示意图

参考文献

[1] 朱佳，郭维静.面向动态城市体检的智能化监测评估路径探索——以西安市实时体检评估实践为例[J].智能建筑与智慧城市，2024(05):24-26.

[2] 孙施文.国土空间规划实施监督体系的基础研究[J].城市规划学刊，2024(02):12-17.

[3] 杨先贤.国土空间治理视域下的详细规划数字化转型技术路径——以福建厦门为例[J].中国土地，2023(12):36-39.

[4] 骆建云，吴嘉慧，窦飞宇，等.基于CIM平台的城市存量资源精准诊断与更新规划——以广州市白云区为例[J].规划师，2023(11):147-153.

[5] 杨鸽，吴倩薇，张建荣.国土空间详细规划编管体系优化路径[J].规划师，2023(11):117-123.

[6] 沈洋，沈琪，邵祁峰.国土空间规划语境下郊野地区详细规划单元划分及规划技术路径探索——以无锡市为例[J].城市观察，2023(05):75-88+161-162.

[7] 宋晓杰，周艳妮，徐晨慧.国土空间详细规划管理制度建设探讨——基于《武汉市控制性详细规划管理规定》修订的实践[C]//中国城市规划学会.人民城市，规划赋能——2023中国城市规划年会论文集（17详细规划）.北京：中国建筑工业出版社，2023:145-152.

[8] 刘晓妮.国土空间规划体系下广州市存量地区详细规划编制体系研究[C]//中国城市规划学会.人民城市，规划赋能——2022中国城市规划年会论文集（17详细规划）.北京：中国建筑工业出版社，2023:98-106.

[9] 王佳，黄林杰.乡村振兴战略下实用性村庄规划编制关键路径探讨[C]//中国城市规划学会.人民城市，规划赋能——2023中国城市规划年会论文集（16乡村规划）.北京：中国建筑工业出版社，2023:2153-2161.

[10] 张文，赖艳.基于协同发展的连片式村庄规划实践探索——以醴北十村为例[C]//中国城市规划学会.人民城市，规划赋能——2022中国城市规划年会论文集（16乡村规划）.北京：中国建筑工业出版社，2023:948-955.

[11] 阳建强，宁雅静.城市更新的本质内涵与特征属性[J].空间与社会评论，2023(01):20-32.

[12] 邹兵，陈柳新.高度城市化地区陆域生态单元划定方法和精细化管控思路——以深圳为例[J].城市规划学刊，2023(03):38-46.

[13] 李苗.从城乡规划到国土空间规划的转变与发展[J].山西建筑，2022(16):45-47+106.

[14] 张兵.国土空间规划的知与行[J].城市规划学刊，2022(01):10-17.

[15] 王文静，秦维，孟圆华，等.面向城市治理提升的转型探索——重庆城市体检总结与思考[J].城市规划，2021(11):15-27.

[16] 周国华，吴国华，刘彬，等.城乡融合发展背景下的村庄规划创新研究[J].经济地理，2021(10):183-191.

[17] 李朝.中国近代市建制变迁下的城市规划实践演进研究（1921—1949）[D].南京：东南大学，2021.

[18] 李崛，许立言.详细规划层面生态保护与修复的实施路径探索[J].规划师，2021(06):19-25.

[19] 高幸.新生与转型——中国近代早期城市规划知识的形成(1840—1911年)[J].城市规划，2021(01):46-53.

[20] 孙施文.从城乡规划到国土空间规划[J].城市规划学刊，2020(04):11-17.

[21] 张泽，唐子来.2008—2017年中国城乡规划实践的特征与趋势[J].城市规划学刊，2020(03):24-31.

[22] 李浩.八大重点城市规划：新中国城市规划事业的奠基石[J].城市规划，2019(07):83-91.

[23] 本刊编辑部."空间治理体系下的控制性详细规划改革与创新"学术笔谈会[J].城市规划学刊，2019(03):1-10.

[24] 王凯，徐泽.重大规划项目视角的新中国城市规划史演进[J].城市规划学刊，2019(02):12-23.

[25] 汪军，陈曦.英国规划评估体系研究及其对我国的借鉴意义[J].国际城市规划，2019(04):86-91.

[26] 李浩.以史为鉴 中国城市规划历史与理论研究的使命[J].城市规划，2018(03):128-130.

[27] 罗彦，樊德良.治理能力现代化视角下的城乡规划法治化建设挑战与思考[J].规划师，2016(09):46-53.

[28] 李浩.论新中国城市规划发展的历史分期[J].城市规划，2016(04):20-26.

[29] 赵民，乐芸.论《城乡规划法》"控权"下的控制性详细规划——从"技术参考文件"到"法定羁束依据"的嬗变[J].城市规划，2009(09):24-30.

[30] 章建明，沈乐毅，江佳遥.杭州：面向共同富裕的乡村规划实践[EB/OL].[2023-03-08].https://mp.weixin.qq.com/s/4d-oy0HJWgXIDUjODkOxEw.

[31] 杭州市规划和自然资源局.塑造城市更新的新动能｜深圳：面向实施、上下结合的城市更新单元规划制度探索[EB/OL].[2023-08-03].http://ghzy.hangzhou.gov.cn/art/2023/8/3/art_1228964536_58940398.html.

[32] 陈平.厦门：规划的数字化，数"治"化的详规｜详规新政解读与实践[EB/OL].[2023-05-12].https://new.qq.com/rain/a/20230512A08B5N00.

[33] 上海市规划和自然资源局.数字化转型背景下上海详细规划信息化管理实践[EB/OL].[2023-05-05].https://www.shanghai.gov.cn/nw31406/20230509/9763d0c2255c4053b07e504cf5f1f759.html.

[34] 江苏自然资源.优秀规划展播|丰县村庄规划实施评估[EB/OL].[2024-04-28].https://mp.weixin.qq.com/s/bSh3KkBqpuaCOFNw9fepeg.

[35] 国土空间监测预警与政策模拟.面向国土空间规划实施监督的监测评估预警模型体系研究[EB/OL].[2022-11-27].https://mp.weixin.qq.com/s/IXwA1WJ FzxOe0-OPMmZjow.

[36] 曾每田. 深圳国土空间规划探索|初步划定758个规划标准单元[EB/OL]. [2021-03-11]. http://www. 360doc6. net/wxarticlenew/966428742. html.

[37] 蔡小波. 详规改革与实践 | 广州：空间精细治理支撑多元发展[EB/OL]. [2023-01-31]. https://finance. sina. com. cn/wm/2023-01-31/doc-imyeafvr0165309.shtml.